NOTICE HISTORIQUE

SUR

BOISSY-SANS-AVOIR.

NOTICE HISTORIQUE

SUR

BOISSY - SANS - AVOIR

(SEINE-ET-OISE)

Par M. l'Abbé QUILLERY,

CURÉ DE CETTE PAROISSE.

Oportet observare nos ea quæ audivimus ne fortè pereffluamus. Hébr., 2, 1.

Il nous faut garder ce que nous avons entendu de peur que nous ne soyions comme l'eau qui s'écoule et se perd.

<hr>

VERSAILLES,

BEAU JEUNE, IMPRIMEUR - LIBRAIRE,

Rue de l'Orangerie, n° 36.

—

1859.

A MES PAROISSIENS.

Pendant l'hiver, mes amis, vous n'avez pas beaucoup d'occupations pressantes ; les soirées sont longues, et il vous arrive peut-être quelquefois de ne savoir comment les passer. Il est vrai, ceux-ci font la petite partie, ceux-là se livrent à un repos prolongé, d'autres enfin filent leur quenouille, tirent l'aiguille ou sommeillent dans l'étable ; mais toujours la même chose engendre ordinairement l'ennui, ou comme vous dites, ça vous *tanne*.

Plus d'une fois j'y ai pensé; car, vous n'en doutez pas, mes amis, vous êtes l'objet de ma sollicitude; je suis sans cesse occupé de vous, de ce qui pourrait vous être tout à la fois utile et agréable. Cette sollicitude dérivant de la charité de notre divin Sauveur, qui a passé en faisant le bien, m'a suggéré la pensée que vous seriez peut-être contents d'avoir, pour charmer vos loisirs, un petit livre fait par votre Pasteur, et tout exprès pour vous; surtout si ce petit livre venait se mêler à vous, causer avec vous comme le ferait un vieillard âgé de *huit* ou *neuf* cents ans, comme le ferait un de vos premiers ancêtres qui se lèverait de son tombeau pour vous parler de toutes les générations de vos aïeux, pour vous raconter les usages du temps passé et toutes les choses intéressantes qui tiennent à votre Paroisse; qu'en dites-vous? n'est-ce pas que vous seriez contents d'avoir un tel livre? Eh bien, mes amis, le voici, vous l'avez entre les mains.

Pour le composer, j'ai compulsé les vieux parchemins et les papiers tout poudreux trouvés au Presbytère et à la Mairie; j'ai fouillé dans les Archives de la Préfecture de Versailles; j'ai déchiffré les notes écrites par M. Lepas[1]; j'ai interrogé les vieillards, notamment Laurent Carlier, François Carlier son frère et Louis Couillard[2]. Vous voyez, mes amis, que ce livre, si peu considérable qu'il soit, m'a coûté beaucoup de recherches, quelques démarches, et un peu d'assiduité pour en coordonner les

---

[1] M. Lepas fut pendant 56 ans curé de Boissy.
[2] Louis Couillard. Voyez plus loin.

divers éléments; mais tout cela, fait pour la gloire de Dieu et pour votre bien, mes amis, m'a semblé très-léger.

Je suis heureux de vous l'offrir comme un témoignage d'affection et d'attachement. Je vous l'offre non-seulement pour satisfaire votre curiosité, mais encore pour vous édifier par les réflexions simples qui accompagnent l'exposé de chaque souvenir. Qu'il vous soit agréable, qu'il passe à vos descendants. à leur postérité, qu'il soit utile à tous, c'est là toute la reconnaissance que je désire et convoite. C'est à cette fin que je dis à tous, ce que l'Apôtre disait aux Hébreux : *Il nous faut garder ce que nous avons entendu, de peur que nous ne soyons comme l'eau qui s'écoule et se perd;* ce qui signifie en d'autres termes : Il faut que ce qui aura frappé notre oreille, touche aussi notre cœur.

Vous lirez donc de temps en temps ce petit livre fait tout exprès pour vous, mes amis. Conservez-le au sein de vos familles comme un ami sincère, comme un hôte de bon conseil; il sera pour vous, ce que fut autrefois pour le fils de Tobie, l'ange Raphaël : après vous avoir accompagnés sur le chemin de la vie, il vous ramènera purs et sans tache à votre Père qui est dans les cieux.

Comme il faut un nom à chaque chose, j'ai intitulé ce livre :

NOTICE HISTORIQUE.

Boissy, le 24 décembre 1858.

NOTICE HISTORIQUE

CHAPITRE Ier.

Il est très-probable, sinon certain, que la plupart des villages ont commencé par une, deux ou trois maisonnettes qui venaient s'asseoir au milieu d'une plaine ou sur le penchant d'une colline ; au bord d'un ruisseau, près d'une fontaine ou sur le sommet d'une côte ; à la lisière d'une forêt ou au milieu des broussailles, selon la faculté ou le caprice des hôtes qui les habitaient. Puis par la suite du temps venaient se ranger auprès de ces premières habitations, une chaumière nouvelle, et puis une autre, et encore une autre, et ainsi le village se formait. C'est pourquoi, en général, il est très-difficile, même aux plus habiles archéologues, d'assigner l'époque où a commencé tel ou tel village.

ART. I⁰ʳ.

Boissy, *en latin* Buxiacum.

D'après ce que je viens de dire, vous pensez bien, mes amis, que je n'ai pas la vaine prétention de vous faire connaître le siècle qui vit naître Boissy. Si nous voulions toutefois nous lancer dans des conjectures hasardées, nous pourrions prendre le mot *Buxiacum* pour une corruption de celui de *Buxetum*, qui veut dire *lieu planté de buis;* et comme l'histoire nous apprend que les Romains aimaient le buis, qu'ils en plantaient beaucoup, et que, dans les premiers siècles du christianisme, ils possédaient la Gaule dont notre belle France était une partie, nous en conclurions que Boissy remonte à cette époque, ou tout au moins au berceau de la monarchie française, à l'an 420. Mais laissons cette voie incertaine pour prendre un chemin plus sûr.

ART. II.

Sans avoir, *en latin* sine censu.

L'étymologie de l'épithète *sine censu*, *sans avoir*, ajoutée au nom de Boissy ne semble pas difficile à trouver. Cependant il y a là-dessus deux opinions, mais dont l'une est de peu de valeur : je la mentionne ici parce que nous la tenons de M. Lepas. « Il reste dans cette paroisse, dit-il, un proverbe qui vient de tradition. Jean de Boissy se nommait, dans les armées, *sans avoir*, ce qui signifiait par abréviation : *sans avoir peur*. De là ce proverbe : *il est de Boissy, il n'a pas peur.* » Cette autre opinion paraît mieux fondée. En effet, *sine censu*, signifie proprement, *sans bien, sans fortune;* or, d'après ce que rapportent M. Lepas et même les vieillards d'aujourd'hui, Boissy était anciennement un village *pauvre;* ce qui justifie assez ce dernier sentiment pour qu'il soit admis.

ART. III.

Boissy-sans-Avoir, *en latin* Buxiacum sine censu.

L'épithète qu'on donne à un mot, est, pour ainsi parler, comme son habit de parade ou de distinction. Il est donc nécessaire que le nom existe avant que l'épithète lui soit donnée, comme il faut qu'un corps existe avant qu'il soit vêtu. Or par les tombes que renferme notre église nous pouvons savoir qu'en 1332, on avait déjà adjoint *sans avoir* au nom de Boissy, et qu'à cette époque Boissy avait son curé [1]. De ces données certaines, on peut, sans trop se hasarder, faire remonter Boissy à l'an 1200.

Voici un trait de lumière qui nous conduira plus loin ; nous le devons à M. Auguste Moutié, membre de la Société archéologique de Rambouillet. Dans un rapport qu'il fit sur les fouilles de Vicq, en 1851, il considère ce village [2] comme très-ancien, et comme ayant été construit dans les clairières ou dans les défrichements de la forêt Yveline [3]. Dans la suite, dit-il, se sont élevées les églises des deux Neauphle, de Méré, de Boissy, de Montfort, etc... Boissy existait donc avant Montfort.

Or, nous trouvons dans ce même rapport de M. Moutié que Montfort existait en 1116. « En effet, entre les années 1116 et 1120,

---

[1] Voir le chapitre II, art. Ier.
[2] Vicq.
[3] Forêt de Rambouillet qui couvrait autrefois toutes ces contrées.

dit-il, Guillaume la Ferté ayant pris la croix, et prêt à partir pour Jérusalem, vint trouver Geoffroy de Lèves, évêque de Chartres, et se démit entre ses mains de la possession de l'église de *Vi*, près Montfort, dont il était seigneur, »

D'après ces documents, il est évident que Montfort existait en 1116, ce qui nous porte à conclure que Boissy date du *onzième siècle*.

Notre certitude ne s'arrête pas encore là. Dans un Annuaire rédigé à la Préfecture de Versailles, on trouve que « ce fut vers la fin du xᵉ siècle, sous le règne du roi Robert, que Guillaume, fils d'Amaury Iᵉʳ, comte de Hainaut, après avoir épousé la dame de Nogent, héritière de *Montfort* et d'*Epernon*, fit fortifier ces deux places. » On peut donc dire que Montfort existait dès le commencement du xᵉ siècle, car il existait avant d'être fortifié. De là nous pouvons inférer que Boissy remonte au ixᵉ siècle, ou disons, en un mot, qu'il existe depuis *mille* ans. Mais nous ne saurions dire dans quel siècle il a commencé.

Art. IV.

Sa Topographie.

Boissy est situé au milieu d'une plaine devenue très-fertile par les soins et le travail des habitants. Assez éloigné de deux petites rivières qui coulent, l'une au *midi* de son territoire, l'autre au *nord-est*, il n'est alimenté que par l'eau de ses puits. Les bestiaux s'abreuvent dans plusieurs mares creusées pour conserver les eaux pluviales. Aucune source n'a eu le caprice de jaillir dans son enceinte, grande privation qui oblige les *laveuses* d'aller chercher, à un kilomètre, une eau qui blanchisse le linge. La nature, obéissant aux lois du Créateur, n'a point célé dans ses domaines les bancs de pierres à bâtir qu'elle a prodigués ailleurs ; aussi toutes les maisons, ou presque toutes, se sont primitivement élevées avec des murs de bauge, et on les voyait se couvrir de chaume et de bruyère, parce que les tuiles étaient des petits morceaux de terre cuite qui coûtaient trop cher.

Une centaine de maisons dont la disposition forme six rues, composent toute la Paroisse, hormis les deux fermes que nous mentionnerons plus tard.

D'abord la rue de *l'Armuteau* qui traverse le village dans toute sa longueur, du *levant* au *couchant*, et qui est devenue la route n° 42, classée en 1846.

Ensuite, au *midi* de celle-ci, la rue de la *Grande-Mare* et la rue du *Tripot*, qui font jonction à la petite mare où commence la rue *des Moulins*, ainsi nommée à cause des moulins qui existaient autrefois sur le chemin de la Queue.

Puis la rue de *l'Etang*, qui tire son nom de l'étang qui était anciennement dans les prés situés entre les deux fermes, et enfin la rue *Maubusy*, qui longe l'église, et qu'on appelle aujourd'hui le *Bouthargneux*.

La Paroisse comprend encore la ferme des Petits-Prés, exploitée par M. Leclère, et la ferme des Grands-Prés, appartenant à M. Verrier, et exploitée par M. Moreau.

D'après une note authentique, trouvée dans les archives du château du Breuil, et qui me fut communiquée par M. Bourdon, — « vers le milieu du XIVe siècle, la ferme des Petits-Prés était un fief appartenant à

Simon de Maintenon, seigneur de la Queue.
Le roi Charles V en fit l'acquisition, le
13 juin 1380, en faveur du chapitre des
chanoines de Vincennes, qui y établirent
un couvent, et qui possédèrent cette terre
jusqu'à l'époque où ils en furent dépouillés
par la révolution.

« Le fief de Brichanteaux faisait partie
de cette propriété. Le 12 du mois de novembre 1397, Thibaut de Maintenon, seigneur de la Queue, rendit aveu au chapitre pour neuf arpents faisant partie des
treize de ce fief. »

Aujourd'hui, ces treize arpents sont dé-
tachés de la ferme qui a pour propriétaire
actuelle Mme la marquise de Martainville.

Boissy a trois *places* qui ne sont pas très-
importantes par leur étendue ; cependant,
considérées relativement à la localité, elles
ne doivent pas être omises dans cette description. Il y a la place de la rue des Moulins, qui est ornée d'un marronnier et de
deux ormeaux, mais qui pourrait être em-
bellie d'un plus grand nombre d'arbres,
qui porteraient profit à la commune, et
qui prêteraient aux habitants un ombrage
agréable ;— la place de l'Eglise, sur laquelle

on forma une allée d'ormes en 1838 ; — et la
place de la Maison commune, où se trouve
une croix entourée de tilleuls plantés en
1851.

Depuis longtemps une croix est érigée
sur cette place [1]. Vous y passez très-sou-
vent, mes amis, et c'est peut-être rarement
que votre attention se porte vers la croix.
Cependant la vue d'une croix doit diriger
l'esprit vers des réflexions salutaires. Vous
savez, mes amis, que le supplice de la
croix ne fut pas inventé pour notre divin
Sauveur ; bien avant Jésus-Christ, on faisait mourir sur la croix ceux qui l'avaient
mérité, et c'était la mort la plus ignomi-
nieuse à laquelle n'étaient condamnés que
les plus grands, les plus infâmes scélérats :
c'est pourquoi la croix était un objet d'horreur. — Notre Seigneur est cloué, crucifié
sur cette croix infâme, il l'arrose de son
sang, il y meurt. — Et voilà tout à coup un
revirement inattendu : l'horreur qu'on
avait eue jusqu'alors pour la croix est
changée en vénération ; on ne hait plus la
croix, on l'aime, on l'adore ; on ne craint

[1] Voir l'Art. VIII, § 9.

plus de voir la croix, on la montre partout.
on la baise ; elle reluit au cou des chrétiens,
elle brille dans les armées, sur le labarum
du grand Constantin, elle rayonne sur les
édifices publics, elle étincelle sur la poitrine
des braves. — Pourquoi donc, mes amis,
un objet horrible à voir est-il devenu si
soudainement un objet de vénération ? —
Ah ! vous le devinez bien, c'est par la vertu
du sang d'un Dieu ! Oui, mes amis, et si
la croix n'eût jamais été rougie que du sang
d'un homme, elle serait encore aujourd'hui
en exécration, ou peut-être eût-elle disparu
de dessus la terre. — Dans un temps, on a
voulu la faire disparaître ; on a renversé cet
arbre précieux, on l'a brisé..... Mais c'est le
sang d'un Dieu qui en est la sève, il ne pé-
rira pas ! il se relève sur la poussière des
impies qui l'ont outragé, et, tout triom-
phant et plein de vigueur, il semble dire au
monde : Toutes les générations passeront
devant moi. et je resterai debout jusque sur
les derniers débris du genre humain.

Autrefois Boissy était inabordable dans
la saison de l'hiver, à cause de ses mauvais
chemins, où l'incurie des habitants avait
laissé se creuser des abîmes. Les anciens

racontent que, depuis la Toussaint jusqu'à
Pâques, on ne sortait presque plus de
Boissy, et que les *étrangers* n'osaient y
entrer. La moitié de l'année, c'était un village perdu, ignoré. Les rues mêmes étaient
comme de larges fossés où s'engloutissaient
chevaux et voitures. De hautes berges de
chaque côté, servaient de passages à ceux
des habitants qui avaient à circuler d'une
maison à l'autre, et ce n'était pas sans courir le danger, souvent inévitable, de tremper son pied dans la boue et d'en sonder la
profondeur.

Ces abîmes, qui semblaient ne pouvoir
être comblés par toutes les pierres du département, ôtaient tout espoir de voir jamais devenir praticables des rues et des
chemins si affreux.

Mais le siècle qui devait voir des routes
s'ouvrir au-dessous des montagnes, et s'é-
tablir au-dessus des vallées devant cette va-
peur prodigieuse qui emporte des milliers
de voyageurs avec une vitesse effrayante;
mais le siècle qui devait assister à l'éta-
blissement de ces fils tendus dans les airs
et au fond des eaux pour porter, rapide
comme l'éclair, l'expression de la pensée

d'un bout du monde à l'autre ; ce siècle, voyant la réalisation de ces belles conceptions de l'esprit humain, devait voir aussi les rues et les chemins de Boissy faciles et commodes.

M. Vallée, qui fut maire de cette commune, de 1800 à 1806, désira cette amélioration, mais en vain.

M. Varlet, qui lui succéda, eut ce même désir pendant les neuf années qu'il administra cette commune, mais sans résultat marquant. Cependant, plus actif que son prédécesseur, il fit un peu plus. Il rassemblait les enfants, et, au prix d'un petit goûter qu'il leur servait avec une bonté toute paternelle, les conduisait à travers champs pour ramasser des pierres qu'on apportait dans les rues ; mais elles y disparaissaient, comme un caillou dans un puits. — Disons en passant, par reconnaissance pour M. Varlet, que c'est lui qui, le premier, eut la pensée, en 1808, de planter dans le *Marais* [1] des peupliers dont

---

[1] Le Marais est une propriété qui fut donnée à la commune de Boissy, on ne sait depuis quelle époque, par une demoiselle, dit-on, de la famille du duc de Luynes. Au dire des anciens, ce serait

le produit rendit un grand service à la commune.

M. Giroux lui succéda en 1815, et fut maire jusqu'en 1827. Lui aussi désira l'amélioration des rues et des chemins, et fit pour cela tout ce qu'il pouvait faire. Le 28 juillet 1824, une loi sur les prestations fut portée. Alors il essaya de combler le milieu des rues, dans quelques endroits, avec la terre des berges ; mais ces essais ne répondirent point à sa bonne intention ; il fallait des pierres, il n'y en avait point, et la loi, encore défectueuse ou mal exécutée, ne lui donna pas assez de puissance pour en trouver.

M. Barbé, succédant à M. Giroux en septembre 1827, vit, comme ses prédécesseurs, se dresser devant lui l'urgence de réparer les chemins et les rues. Animé de la même intention et plus puissamment secondé que ses prédécesseurs, par la nouvelle loi sur les *corvées obligatoires*, portée en mai 1836, il accomplit cette tâche immense.

Ce village dormirait peut-être encore au-

cette même personne qui donna aussi le marais de Bardelle à ce hameau.

jourd'hui au fond de sa vase, sans la vigilance de ce dernier maire, qui sonna le réveil en 1844. Mais ce n'est pas chose facile que de réveiller d'un seul coup tous les habitants d'une commune. Aussi, armé de la loi des *prestations*, il fallut encore à M. Barbé tout son courage et sa ténacité pour mettre debout et à l'œuvre ses administrés, et vaincre en même temps les obstacles que lui suscitaient les communes voisines, redoutant de voir Boissy, ignoré et perdu depuis si longtemps, être placé comme elles sur le territoire français, et, comme elles, recueillir sa petite portion des progrès de l'industrie, de l'agriculture et du commerce. Encore une fois la persévérance enfanta le succès, et M. Barbé sortit vainqueur de la lutte.

Bientôt ces grands peupliers qui, depuis quarante ans, s'engraissaient de la sève du Marais, tombèrent sous la cognée du bûcheron [1]; — un emprunt de 4,200 fr. fut autorisé [2]; la bourse des habitants se délia; — de nouveaux centimes furent ajoutés au budget; et, de tous ces produits, se

[2] En 1844-45.
[1] Au mois de novembre 1845.

forma une somme assez ronde qui dota Boissy : — d'une belle Maison commune [1], assise sur un terrain donné par M. Descuns; — de rues praticables, et de la route qui le traverse dans toute sa longueur [2]; autant de bienfaits qui, en métamorphosant ce village, attesteront aux générations futures, et la générosité de M. Descuns, et le bon esprit des habitants, et la sage et vigoureuse administration de M. Barbé, qui gouverne cette commune depuis trente et un ans.

Sorti de sa vieille boue, Boissy sortira de plus en plus de son antique misère. Que ce mot de *misère* ne vous fasse point rougir, mes bons amis; vous savez tous ce proverbe : *pauvreté n'est pas vice.* Non, la pauvreté n'est pas un vice, puisque Jésus-Christ a voulu naître dans la misère et la pauvreté, et que les pauvres ont toujours été l'objet de sa plus tendre affection : vos ancêtres, quoique pauvres, n'en étaient pas moins honorables.

Il est peut-être honteux de tomber dans

[1] En 1846.
[2] Depuis 1847.

la misère par sa faute ; mais assurément
il est glorieux d'en sortir par sa bonne conduite et par son travail, et ce sont là des
efforts que vous faites tous les jours.

Eh bien! courage, mes amis, courage!
Déjà vous avez fait de grands progrès dans
l'agriculture, et votre terre améliorée se
voit couverte chaque année de moissons
plus abondantes. L'œil réjoui du cultivateur compte dans ses champs moissonnés
plus de gerbes qu'il n'y trouvait de javelles
autrefois ; et le commerce, rendu plus facile par les voies de communication deve-
nues plus commodes, vous jouissez, dès
maintenant, d'une aisance que vos ancêtres
ne connurent jamais.

Autrefois, presque tout votre territoire
appartenait à des *étrangers*, vos pères cul-
tivaient, piochaient pour les autres ; mais
aujourd'hui vous en avez tous une portion,
tous vous payez des contributions fonciè-
res ; et l'on pourrait bien dire que si l'on eût
attendu jusqu'à ce jour pour donner une
épithète au nom de Boissy, ce n'eût pas été
celle qu'il a. Non, ce n'eût pas été *Sans-
Avoir*, car aujourd'hui vous avez tous **votre**
champ, votre *vigne*, votre *petite maison* ;

et, avec l'économie qui entre assez dans votre caractère, il est très-probable que vos petits champs deviendront grands, que vos petites planches de vignes s'élargiront, que le chaume de vos maisons deviendra tuile, — comme vos bourriquets sont déjà devenus chevaux, vos hottes brouettes, et vos brouettes voitures [1].

C'est à vous, jeunes gens, de faire vos efforts pour accroître cette aisance qui a germé dans l'économie de vos ancêtres, et grandi par la sueur et le travail de vos pères encore existants; c'est à vous d'activer son développement, ses progrès, par votre économie et par votre travail. Mais, prenez garde, mes amis; car, que de redoutables écueils, dans cette voie d'améliorations! L'économie peut devenir *avarice*, le travail peut dégénérer en *abus*. Comme ce sont là deux éléments essentiels de votre bonheur, je vais essayer, en quelques mots, de vous faire bien comprendre ce que sont l'*écono-*

[1] Autrefois les fermiers seulement avaient des chevaux, les habitants les plus aisés des bêtes de somme, et les moins aisés des hottes avec lesquelles ils charriaient tout; aujourd'hui presque tous ont cheval et voiture.

mie et le *travail*, que je vous recommande.

L'économie c'est l'ordre, c'est la règle qu'on apporte dans la conduite et la dépense d'une maison. Or, pour que cet ordre existe, il faut que le père et la mère, d'accord ensemble, commandent et soient obéis. Pour cela, donnez votre commandement en peu de paroles, et qu'elles soient douces et fermes. — Une maison, c'est un petit gouvernement; si chacun veut commander ou que le chef commande mal, personne n'obéira, et bientôt voilà dans le ménage une révolution qui tournera toujours à sa perte. Toute maison divisée contre elle-même, nous dit l'Evangile, ne subsistera pas[1]. — C'est encore au chef qu'il appartient de régler les dépenses du ménage. Or, il ne faut pas, sans raison légitime, dépenser plus qu'on ne gagne, ce serait de la *prodigalité*, par conséquent un défaut. D'un autre côté, si l'on ne dépense pas tout ce qu'exige une saine raison, si l'on se prive du nécessaire, c'est de l'*avarice*, c'est un autre défaut. Marchez, mes amis, entre ces

[1] Omnis domus divisa contra se, non stabit. *Matth.*, 12, 25.

deux excès, commandez en maître doux et ferme, et vous serez dans le chemin qui accroîtra votre aisance, et là aussi vous trouverez le secret d'en jouir.

Quant au travail, mes amis, vous savez tous ce que c'est, car je n'ai guère vu de paresseux parmi vous. Mais, comme toute autre chose, le travail doit être bien compris, afin d'en retirer les avantages qu'on en attend. — Le travail doit être modéré, car l'excès en tout nous porte préjudice, nous fait souffrir et même quelquefois mourir. En effet, trop de froid fait mourir, et trop de chaleur fait également mourir; mais une chaleur tempérée fait vivre. On meurt d'un excès de joie, comme on meurt d'un excès de chagrin. Tous les excès nous poussent plus rapidement vers la tombe, gouffre horrible par lequel nous glissons dans l'éternité. Eh! ne sentez-vous pas, mes amis, que l'excès du travail vous affaiblit et vous casse? — Vous voyez un de vos amis, fort et vigoureux, passer dans la rue, il ramasse une grosse pierre, il en frappe son front à coups redoublés, il s'épuise et tombe. A cette vue, un sentiment de compassion vous serre le cœur, une larme coule de vos yeux. — Ah! mes amis, tel est le serrement de cœur que j'éprouve en vous voyant courbés sans relâche vers la terre! Quoi donc? travailler toujours, toujours travailler! mais l'excès du travail vous mine et vous écrase : vous vous suicidez lentement.

Oui, mes amis, l'homme est né pour le travail; parce qu'il a péché, il a été condamné à manger son pain à la sueur de son front; et la paresse est un vice. Mais il faut travailler sagement, raisonnablement. Un travail modéré, un travail selon votre nature d'homme, vous fortifiera en vous exerçant, et, pensez-y bien, c'est celui-là seulement qui augmentera votre aisance, et qui vous laissera quelques jours de repos, pour en jouir avec paix et bonheur.

D'ailleurs vous savez que la mesure du travail n'a pas été déterminée par les hommes. Ils ont voulu s'en mêler une fois, en 1792 : ils avaient décrété dans leur *sagesse*, que désormais la semaine serait de dix jours, neuf pour travailler, et le dixième pour se reposer. Hélas! tout savants qu'ils étaient, ils ignoraient cet oracle : « Je dé—

truirai la sagesse des sages, et je rejeterai la science des savants [1]. » Et ils ne réussirent point! Ce n'est pas surprenant; ils avaient contre eux non-seulement la parole éternelle qui pouvait à elle seule briser ce *moule* où ils formaient des semaines d'un nouveau goût, mais ils avaient encore contre eux tous les peuples de l'univers; car tous les peuples de la terre travaillent six jours et se reposent le septième; et ainsi depuis le commencement. Ce qui a fait dire à un savant : « La semaine, depuis la plus haute antiquité, circule à travers les siècles; il est très-remarquable qu'elle se trouve la même par toute la terre. » — Quand même nous ne l'eussions pas appris, le bon sens tout seul ne nous dirait-il pas qu'il n'appartenait qu'à Dieu de fixer la mesure du travail? — Pourquoi? — Parce que Dieu seul connaît la force et la vie qu'il fait circuler dans nos membres. — *Tu travailleras six jours* [2] ..... Voilà la mesure. Dieu l'a ainsi établie et observée le premier dans le grand œuvre de la création.

[1] Perdam sapientiam sapientium, et prudentiam prudentium reprobabo. *I Cor.*, 1, 19.

[2] Sex diebus operaberis.....

Maître souverain du temps, tous les jours sont les siens ; il pouvait donc les garder tous. Mais, sur *sept*, il nous en accorde *six*. Il est bien juste et bien raisonnable que nous lui donnions le septième, puisqu'il est à lui, qu'il le demande et le veut [1].

Craignez donc, mes amis, de dérober à Dieu ce jour qui est le sien, et qu'il réclame même à cause de nous, pour notre bien. Il le réclame, parce qu'il aime à nous voir ce jour-là tout auprès de lui, au pied de son autel, pour verser sur nous ses bénédictions, pour rafraîchir notre cœur par la douce rosée de sa grâce, et faire retentir au fond de notre âme des paroles de vie qui la réjouissent : « Venez à moi, nous dit-il, venez à moi, vous tous qui êtes chargés, et je vous soulagerai [2]. » N'avez-vous jamais ressenti le doux effet de ces paroles pleines de tendresse et d'amour ? — Ressouvenez-vous, mes amis, ressouvenez-vous ici de ces jours de fête, où votre cœur touché des solennités priait avec piété et ferveur ; ressouvenez-vous de ces jours de

[1] Septimo die cessabis. *Exod.*, 23, 2.

[2] Venite ad me omnes, qui laboratis, et onerati estis, et ego reficiam vos. *Matth.*, 11, 28.

premières communions, où les sentiments
de toute la paroisse sont mêlés et confondus dans une même pensée de joie
et de bonheur : n'étiez-vous pas soula-
gés quand vous sentiez une larme douce hu-
mecter votre paupière? n'étiez-vous pas bien
heureux, dans ces belles fêtes, d'être au
pied de l'autel de votre Dieu? Eh bien! mes
amis, venez-y ; vous avez bien assez de fa-
tigues pendant toute la semaine, pour goûter, le dimanche, un moment de repos et
de bonheur!

Du reste, les six jours de la semaine nous
sont donnés pour subvenir aux besoins de
notre corps; le dimanche, pour sanctifier
notre âme qui doit tôt ou tard retourner à
Dieu. Car le corps, ce n'est pas tout; vous
savez qu'il y a en nous quelque chose qui ne
meurt point, et ne s'endort même jamais.

Quand vous êtes plongés dans un sommeil profond, vos yeux ne voient plus, vos
oreilles n'entendent plus, tous vos membres
sont en repos, vous êtes comme morts. Cependant vous avez des rêves, vous allez,
vous venez, vous rencontrez vos parents,
vos amis, vous conversez avec eux, vous
voyagez; en un mot, il semble que vous

agissez comme si vous ne dormiez pas. Comment expliquer cela? Vous le savez bien, mes amis, c'est que l'esprit, l'âme, ne s'endort jamais; toujours elle est en activité. Créée à l'image de Dieu, elle participe à son éternité, en ce qu'elle existera aussi longtemps que Dieu, c'est-à-dire toujours, toujours!

Suivez, mes amis, suivez bien ces règles du *travail* et de l'*économie* que je viens de vous tracer, c'est par ce moyen que vous arriverez à la prospérité.

Plus favorisés que vos ancêtres, vous avez maintenant de beaux chemins et de belles rues; mais il ne faut pas que ces belles routes de la terre, vous fassent oublier les voies qui conduisent au Ciel.

Chaque jour le Progrès nous jette dans la surprise en nous montrant ses merveilles : bénissons Dieu de ce qu'il daigne éclairer ainsi le génie de l'homme, et faisons tous nos efforts, afin que le Progrès dans la morale marche de pair avec le Progrès matériel ; car si celui-ci s'avance tout seul et que celui-là reste en arrière, mauvais signe, mes amis, mauvais signe !

Permettez-moi cette comparaison : quand vous labourez avec deux chevaux attelés côte à côte et sur le même palonnier, s'il n'y en a qu'un qui avance, l'autre reste en arrière, et bientôt votre charrue, qui n'est tirée que d'un côté, sort du sillon, malgré la force de votre poignet, malgré votre habileté de bon cultivateur. — De même, si le Progrès matériel avance tout seul, le Progrès moral reste en arrière, et bientôt la société va de travers et tombe dans le délire.

Il faut donc que la religion, mère de la morale, avance avec le Progrès ; s'il n'en est ainsi, le Progrès pourra peut-être nous élever bien haut, et quand nous serons au-dessus de l'échelle, comme nous aurons laissé la religion en bas, nous verrons autour de nous un grand vide, nous serons pris de vertige, la tête nous tournera, et nous tomberons. Alors, parmi nous, grande désolation ! confusion épouvantable ! comme autrefois parmi les ouvriers de la tour de Babel, qui avaient voulu s'élever sans Dieu.

Art. V.

Sa Population.

Vu les registres, de 1582 à ce jour, des actes de baptêmes, mariages et décès, on peut conjecturer que, depuis *trois cents ans environ*, la population de Boissy n'a pas subi de grandes variations, quant au nombre : pendant ces trois derniers siècles, elle a pu flotter de 380 à 320, nombre d'aujourd'hui.

Néanmoins cette population, si peu nombreuse qu'elle ait toujours été, a reçu, dans tous les temps, des faveurs du Ciel bien signalées. Considérée, en quelque sorte, comme autrefois la tribu de Lévi, Dieu y a choisi plusieurs ministres pour ses saints autels : — Jacques Jourdain en 1340, Jean Jourdain en 1589, Jacques Soyer en 1614, en 1620 Louis Soyer, son frère, curé d'Autouillet; Jacques Delaunay en 1792, et, en 1852, Lucius Colet, actuellement curé de Saint-Remy-lès-Chevreuse.

Souches anciennes.

Guillaume JOURDAIN, né en 1582 de ⎰ François Jourdain. ⎱ et de ⎰ Pierrette Petit.

Denys DELAUNAY, né en 1583 de	N... Delaunay et de Geneviève Giroust.
Martin CARRELLIER, né en 1599 de	Robert Carrellier et de Nicolle du Muret.
Paullin PORTEBOIS, né en 1600 de	N... Portebois et de Johanne N...
Nicollas GIROUST, né en 1600 de	Nicolas Giroust et de Claudine Muret.
Philippe COLLET, né en 1601 de	François Collet. et de Marion Portebois.
Jean COLLIN, né en 1607 de	Jacques Collin et de Marguerite N...

A cette dernière année, 1607, remontent aussi la famille **FRANÇOIS** et la famille **GUINGUAND.**

GÉNÉRATION NOUVELLE.

Cette nouvelle génération comprend tous les enfants que j'ai catéchisés et ceux que j'ai baptisés depuis mon entrée dans cette Paroisse, jusqu'à ce jour 8 décembre 1858.

Colin, Victor-Emilien-Désiré.
Etasse, Augustin-Louis-Julien.
Delaunay, Louis-Désiré.

Fortier, Clément.
Conard, Hippolyte-Augustin.
Bonnenfant, Baptiste-Barthélemy.
Fortier, Victor.
Leclère, Louis-Eugène.
Conard, Charles-Alexandre.
Etasse, Charles-Augustin-Philippe.
Muret, Jacques-François-Cyprien.
Blondeau, Alexandre-Elie.
Muret, Auguste-Joseph.
Etasse, Ernest-Adolphe.
Delaunay, Adrien-Victorien.
Moreau, Louis-Simon.
Colet, Louis-Ferdinand.
Fanu, Louis-Alexandre.
Colet, Lucien-Théodore.
Carlier, Emile-Henri-Victorien.
Lefèvre, Victor-Célestin-Clément.
Colet, Léon-Étienne-Alexandre.
Conard, Julien-Clément.
Duchemin, Lucius-Louis-Léopold.
Etasse, Camille-Louis-Alexandre.
Colet, Louis-Eugène.
Fanu, Désiré-Pierre-Adolphe.
Levasseur, Louis-Alfred.
Guêtrier, Léon-Louis.
Duchemin, Anatole-Alphonse.

Guy, Henri-Alfred.
Cordry, Héloïse-Rosalie.
Etasse, Clémence-Victoire-Élise.
Bonnenfant, Athénaïse-Augustine.
Delaunay, Ursule-Hortense.
François, Elisa-Constance.
Etasse, Désirée-Élisa.
Leclère, Eugénie.
Etasse, Apolline-Alphonsine.
Mounoury, Joséphine-Julie.
François, Aimée-Joséphine.
Fanu, Eugénie-Véronique.
Delaunay, Louise-Elisabeth.
Leclère, Zoé.
Fanu, Azélina-Louise.
Carlier, Zélia-Augustine-Léontine.
Colin, Julienne-Ernestine.
Carlier, Marie-Augustine.
Carrelet, Marie-Estelle-Joséphine.
Leclère, Céline-Marie.
Muret, Marie-Alexandrine-Augustine.
Carlier, Emma-Alexandrine-Elisa.
François, Louise Alexandrine.
Carrelet, Victorine-Louise-Adèle.
Leclère, Léontine-Louise-Paule.
Moreau, Athénaïse-Louise-Virginie.
Fanu, Florence-Augustine.

Delaunay, Adolphine-Alexandrine.
Portebois, Louise-Céline.
Legoux, Clémentine-Louise.
Lecocq, Louise-Eugénie.
Thomas, Célestine-Françoise.
Bonnenfant, Louise-Léontine.
Carrelet, Marceline-Désirée-Julie.
Giroux, Clémentine-Augustine.

Marguilliers ou Membres du Conseil de la Fabrique.

CARLIER, Julien, *président.*
COLIN, Martin, *trésorier.*
LECOCQ, Jean, *secrétaire.*
COLET, Nicolas-Honoré.
BONNENFANT, Jean-Baptiste.
Le *Maire* et le *Curé* en font partie *de droit.*

Chantres.

FRANÇOIS, Martin.
CONARD, Augustin, *fils.*
FRANÇOIS, Théophile, *serpent.*
FAUDMER, *instituteur.*
CARLIER, Louis-Alphonse.
Colin, Jean-Baptiste, *bedeau.*

Membres du Bureau de Bienfaisance.

MURET, Pierre.
CONARD, Augustin *père*.
DUCHEMIN, Alexis.
Le Maire.
Le Curé.

Membres formant le Conseil Municipal.

BARBÉ, *maire.*
FLEURY, *adjoint.*
MURET.
ACIER, *chevalier de la Légion d'honneur.*
CONARD,
FORTIER.
MOREAU.
JOURDAIN, *membre démissionnaire.*
CARLIER, Laurent-Joseph, *décédé.*
DELAUNAY, Jean-Pierre, *décédé.*
Lepage, garde champêtre.

Pour peu que vous réfléchissiez sur ces diverses fonctions que je viens d'énumérer, vous comprendrez facilement, mes amis, que l'homme ne doit pas se regarder seulement comme individu isolé, mais qu'il doit se considérer comme membre d'un grand corps qu'on appelle *la société*. D'où il suit que nous avons des devoirs à remplir envers nous-mêmes et envers nos *semblables*.

Quand vous êtes choisis par vos concitoyens pour remplir une fonction quelconque, et que vous en acceptez la charge, dès lors vous êtes liés, et vous ne pouvez à votre gré la remplir ou ne pas la remplir; non, car ce serait manquer à votre parole d'honneur, ce serait faire peu de cas et vous jouer de la confiance de vos concitoyens, ce serait méconnaître votre devoir d'homme honnête et loyal.

Vous êtes élus, vous avez accepté; vous devez donc vous rendre à la voix qui vous appelle à remplir vos fonctions. L'heure à laquelle vous êtes appelés vous est-elle désagréable? Faudra-t-il quitter votre ouvrage, faire cesser votre occupation? Oui, mes amis, car l'intérêt commun doit passer avant votre propre intérêt, et vous devez être présents à l'heure fixée. — Si vous n'y êtes pas, on vous attend; sans vous on ne peut rien faire. Vous ne voulez point perdre de temps, dites-vous ; mais vous ne pensez donc pas que vos collègues en perdent en vous attendant ? *Ne faites pas aux autres ce que vous ne voudriez pas qui vous fût fait à vous-mêmes.* Sachez donc, mes amis, que si l'on voulait chercher l'heure qui fût agréable à tous, on ne la trouverait pas dans un siècle, et souvenez-vous que l'exactitude est la politesse des Rois. Ceci s'adresse à tous les fonctionnaires dont nous avons parlé ; mais nous allons dire un mot qui regarde spécialement les trois *Conseils* dont nous avons fait mention.

Il me semble, mes amis, que généralement vous n'attachez pas assez d'importance à votre qualité de membre d'un *Conseil ;* cependant un *Conseil,* ne fût-il composé que de *dix,* de *sept,* et même de *cinq* membres, a toujours une grande importance relative, puisque toujours il y est question d'intérêts communs. Si vous assistiez à une séance de députés ou de sénateurs, sans doute vous seriez frappés de la majesté de ces hommes discutant avec gravité les intérêts de la Nation. Eh bien ! mes amis, vous êtes *en petit* pour votre Commune, ce que ces hauts personnages sont *en grand* pour la France. Ayez donc une haute idée de votre qualité de membre d'un *Conseil* quelconque, et tenez à honneur d'en bien remplir les fonctions toujours importantes, graves et sérieuses.

Vous voilà réunis en séance ; pourquoi? Pour délibérer sur une chose qui vous appelle, par conséquent pour que chacun de vous émette son opinion libre et franche, en mettant toutefois de côté tout intérêt particulier et ne considérant que le bien général. Vous n'agissez peut-être pas toujours ainsi, dans la crainte que votre avis ne sorte de la salle des séances, qu'il ne soit éventé et qu'on ne vous le rejette à la face avec injure ; car beaucoup de petits esprits ne comprennent pas vos fonctions; mais n'importe, votre sentiment ne doit pas rester captif à cause de ces craintes puériles. — Un bon moyen d'éviter cet inconvénient, c'est que tout ce qui se dit dans une assemblée aussi respectable, soit tenu secrètement, et ne transpire jamais au dehors : ce doit être un secret inviolable. C'est difficile, j'en conviens. Hélas! il y a longtemps que le bon la Fontaine a dit :

Rien ne pèse tant qu'un secret :
Le porter loin est difficile aux dames ;
Et je sais même sur ce fait
Bon nombre d'hommes qui sont femmes.

Mais comme il n'est pas dit *tous les hommes*, vous pouvez être de ceux qui gardent bien un secret. Agissons ainsi, mes amis, et nous aurons plus de hardiesse pour faire connaître notre opinion. Alors nos délibérations seront de vraies délibérations ; elles seront mieux discutées, mieux pesées, et par conséquent plus équitables.

La tradition confirmée par l'état actuel de la population est que Boissy a toujours produit des hommes de haute stature : *huit* sur *dix* dépassent la moyenne taille, sans compter ces *colosses* que chaque génération montre en passant. Jugez, mes amis, que de rouleaux de toile il fallait pour vêtir tous ces *géants* ! car vos ancêtres n'étaient vêtus que de toile ; pantalons de toile, vestes de toile, coiffes de toile ; en un mot, hommes et femmes étaient, de la tête aux pieds, couverts de toile. Aussi, comme le disent nos bons vieillards, ils en semaient de la *filasse* ! les jardins, les clos, les champs qui

avoisinent le village, tout n'était que chène-
vière.

Jeunes gens qui portez aujourd'hui pantalons et habits de fin drap, beaux gilets
qui s'ouvrent pour laisser voir les plis jolis
d'une fine chemise, vous riez peut-être de
l'accoutrement de vos aïeux ? — Vous, Mes-
demoiselles, qui portez robes de laine, ta-
bliers de soie, bonnets à dentelles *multi-
pliées*, sans doute vous riez aux éclats en
pensant aux cornettes de toile et aux cottes
de *filasse* dont se paraient vos grand'mères
aux jours de fêtes? Riez un peu si vous
voulez, joyeuse jeunesse, mais que ce ne
soit point d'un rire moqueur.

Après vous avoir laissé rire un peu, en-
visageons la chose du côté sérieux ; et vous
allez convenir avec moi que vous devez à
vos ancêtres, à cause de leur simplicité, un
tribut de reconnaissance

En effet, mes amis, si aujourd'hui vous
êtes vêtus de laine, c'est parce que vos
grands-pères ont porté de la toile. De leur
temps, croyez-le bien, on faisait déjà de
beaux habits ; mais une sage économie régnait dans tous les ménages, et éloignait de

l'esprit toute pensée de luxe et de vanité. Ils aimaient mieux avoir du pain dans la huche, qu'un bel habit sur le corps; ils tenaient plus à mettre un liard à côté d'un liard, un sou à côté d'un sou, que de dépenser sans profit, les quelques deniers qu'ils avaient de superflu. C'étaient des abeilles actives et laborieuses qui, chaque année, apportaient à la ruche, afin que leurs descendants trouvassent après eux quelques rayons du miel de leur labeur. Mais s'ils eussent dissipé leur petit gain au fur et à mesure qu'il entrait dans la maison, en leur succédant vous eussiez trouvé la place vide, et aujourd'hui vous porteriez peut-être encore l'antique habillement de toile. Si ce luxe de nos jours, déjà si largement déployé, allait s'accroître plus rapidement que nos *revenus*, ceux qui nous succéderaient seraient bien forcés d'en revenir à la vieille *filasse :* seulement ils n'auraient pas pour vous les sentiments de reconnaissance que vous devez avoir pour vos ancêtres.

De ce que je viens de vous raconter, mes amis, n'allez pas conclure de suite que vos aïeux étaient loin d'être aussi heureux que vous; avant d'en juger ainsi, je vous prie de faire avec moi ces petites réflexions.

Il est clair que votre aisance est plus grande que celle de vos ancêtres; mais, mes amis, l'aisance ne fait pas toujours le bonheur, elle ne rend pas toujours heureux; il en est de bien riches qui sont bien inquiets, bien tourmentés, bien malheureux! Vous pourriez peut-être trouver en vous-mêmes la preuve de cette vérité. Dites-moi, en effet, êtes-vous plus heureux depuis que vous avez ajouté à votre *petit avoir* quelques arpents de terre? Hélas! non; car au lieu de vous reposer un peu plus, vous travaillez davantage. Pourtant ne croyez pas, mes amis, que je vous blâme de ce que vous faites des acquisitions par le fruit de votre économie; au contraire je vous en loue, mais je désapprouve hautement que vous ne sachiez pas mieux en profiter, que loin d'adoucir votre existence cela ne fait que la rendre plus pénible, et que plus vous ajoutez à votre petit domaine, plus vous êtes certains de rendre le dernier soupir appuyés sur votre pioche ou sur le manche de votre charrue.

D'ailleurs si votre aisance est plus grande que celle de vos pères, vos besoins sont aussi plus nombreux ; la grande simplicité de leur vie fermait leur cœur à bien des désirs que vos goûts plus élevés font entrer dans le vôtre. Prenons cet exemple : Une paire de sabots tout mal faits, qui coûtaient *sept* ou *huit* sous, composaient ordinairement leur chaussure d'hiver et leur chaussure d'été ; rarement ils portaient des souliers, jamais de bottes, et n'avaient souvent d'autres bas que ceux qu'ils avaient apportés en venant au monde ; tandis que maintenant il faut d'élégants sabots qui jouent le soulier, une paire de bottes, des bottines..... C'est mieux, j'en conviens ; mais au lieu de *huit sous*, il faut compter au moins *vingt francs*, c'est-à-dire *cinquante* fois autant. Non assurément, vos ancêtres n'avaient pas autant d'argent que vous en avez ; mais vous comprenez, par cet exemple, qu'il leur en fallait *cinquante* fois moins. — Vous pensez peut-être qu'ils ne marchaient pas aussi commodément que vous?... Eh ! mon Dieu, ils marchaient aussi bien que vous, et marchaient plus que vous ne marchez. Alors il n'y avait pas de chemin de fer ; les voitures même étaient rares, et plus d'une fois ils ont fait en *sabots* la route de Versailles, que vous auriez peine à faire avec vos *bottes*. Peu d'autres chaussures leur étaient connues, ils y étaient habitués : l'habitude est une seconde nature, et l'on ne désire pas ce que l'on ne connaît point.

Mais avec leurs habillements de toile légère, ils devaient joliment souffrir des rigueurs de la froide saison !... D'y penser seulement ça fait frissonner !... Non, non, mes amis, détrompez-vous et ne frissonnez pas ; autre temps, autre manière de se vêtir. Les enfants d'aujourd'hui sont affublés de trois ou quatre vêtements de coton et de laine ; il n'en était pas ainsi autrefois. Sans doute les petits enfants qui ne peuvent prendre aucun exercice, doivent être raisonnablement couverts ; mais à mesure qu'ils deviennent forts, il faut alléger leurs vêtements. Chez vos ancêtres, aussitôt que les enfants commençaient à courir, ils n'étaient couverts que d'un vêtement de toile. Élevés de cette façon, hommes et femmes étaient plus robustes qu'aujourd'hui, bravaient le chaud et le froid, et ne redoutaient pas, comme nous, les chaleurs de la canicule et l'approche de l'hiver. — Notre visage qui n'a jamais été vêtu, souffre-t-il du froid plus que notre corps qui est bien couvert? — Ces petits *ramoneurs*, dont tout le vêtement se compose quelquefois d'une moitié de pantalon et d'un lambeau de chemise, sont-ils enrhumés plus que nous? J'en ai vu beaucoup, et je n'en ai pas entendu tousser un seul. — Si je ne craignais de faire jeter les hauts cris à la délicatesse de notre siècle, je dirais que c'est depuis l'invention des *cache-nez*, que les rhumes et les maux de gorge sont devenus plus fréquents.

Mères de famille qui élevez des enfants, ne les couvrez donc pas à l'excès; laissez se débattre à l'aise et respirer sans peine ces pauvres petits êtres, plutôt que de les écraser sous une montagne de vêtements, car en les couvrant ainsi vous leur faites autant de mal que vous désirez leur faire de bien.

D'après ces petites réflexions, pensez-vous, mes amis, que vos ancêtres, avec moins d'aisance que vous en avez, étaient moins heureux que vous? Quant à moi, je ne le crois pas.

Les habitants, comme nous le verrons par la suite, ont toujours eu des mœurs assez douces, assez paisibles; amis de l'ordre, de la paix et de la religion, ils ont, dans tous les temps, aimé l'Église, ses cérémonies et les chants religieux. Cependant, mes bons amis, je dois vous dire que tout en aimant la religion, comme l'aimaient vos pieux ancêtres, vous ne la pratiquez pas *tout à fait* aussi bien. Vous avez la même foi, la même croyance ; oui vous croyez ce que vos Pères croyaient ; mais tout en croyant comme eux, et même tout étant plus *savants* qu'eux, vous ignorez davantage les vérités de la religion ; ce qui me porterait quasi à vous appliquer ce mot de l'Écriture : « Les jeunes gens ont vu la lumière ; mais ils ont ignoré la voie de la sagesse [1]. »

De là vos convictions religieuses sont moins profondes, vous êtes plus faibles, l'opinion vous domine, et le mauvais exemple vous entraîne plus facilement qu'il n'entraînait vos pères. Pour en être convaincus, suivez ce petit raisonnement tout simple.

______

[1] Juvenes viderunt lumen ; viam autem disciplinæ ignoraverunt. *Baruch,* 3, 20.

Quand vous voyez travailler votre voisin, le dimanche, oh! vous n'y tenez plus... vite, vite, il vous faut travailler aussi.

Pourquoi, puisque Dieu vous le défend ?

Parce que le mauvais exemple vous entraîne.

Pourquoi vous entraîne-t-il ?

Parce que l'opinion vous domine ; vous avez peur de passer pour paresseux ou pour dévots : vous ne craignez pas le jugement de Dieu, et vous redoutez le jugement des hommes.

Pourquoi cette peur vous conduit-elle ? Pourquoi vous laisser ainsi dominer ?

Parce que vous êtes faibles.

Pourquoi êtes-vous faibles ?

Parce que vos convictions religieuses ne sont pas assez profondes.

Et pourquoi ? C'est tout simplement, mes amis, parce que vous ne connaissez pas assez l'histoire de la religion, ses mystères, ses sacrements et ses vérités principales, vérités pourtant que tout chrétien doit savoir, puisque c'est de la pratique de ces vérités que dépend le salut. Instruisez-vous donc, et vous serez convaincus ; et convaincus, vous serez forts.

Sachez bien, mes amis, que c'est la *conviction* qui fait la force de l'homme, *en tout* et *pour tout* ; et que l'homme sans *conviction* n'est plus qu'un être faible et capable d'aucune chose. En effet, qu'est-ce qui vous donne le courage et la force de supporter les rudes travaux auxquels vous vous livrez ? C'est la *conviction* de moissonner, de retirer quelque profit. Quand la gelée vous a enlevé tout espoir de faire du vin, êtes-vous forts et courageux pour cultiver votre vigne durant cette année malheureuse ? Non ; et pourquoi ? parce que vous n'avez pas la *conviction* de faire de bonnes vendanges. Oui, c'est la *conviction* qui rend l'homme fort ; c'est la *conviction* qui gagne les batailles, qui franchit les mers pour découvrir de nouveaux mondes, qui fait les grands coups d'État. Tout cela sont des effets de la *conviction* des choses de la terre.

La *conviction* des choses du ciel nous fortifie encore davantage, parce que tirant sa puissance de la puissance même de Dieu, celle-ci élève l'homme au-dessus de lui-même ; elle ne le rend pas seulement *humainement* fort, mais *divinement* énergique. C'est cette *conviction* céleste, mes amis, qui fortifiait les martyrs de Jésus-Christ, qui donnait à de faibles femmes un courage qui lassait la cruauté des tyrans ; c'est cette *conviction* qui rendit la mère des Machabées assez forte pour voir sans faiblir martyriser ses sept fils, et pour souffrir ensuite le martyre elle-même. .

O mes amis ! vous avez la conviction des choses de la terre, ayez encore celle-ci, et le mauvais exemple ne pourra jamais vous entraîner.

D'ailleurs avant de vous laisser entraîner au mépris des lois de Dieu, réfléchissez bien, car c'est une grande question : elle touche à la fois, et aux intérêts du temps et aux intérêts de l'éternité ; elle regarde vos biens temporels, comme vos biens spirituels ; c'est, en un mot, une question de corps et d'âme. Suivez encore, je vous prie, ce petit raisonnement toujours simple comme la fleur des champs, et vous serez de mon avis.

Dès qu'on ne suit plus les lois de Dieu, on ne pratique plus sa religion ; ne plus pratiquer sa religion, c'est ne pas craindre d'offenser Dieu ; quand on ne craint pas d'offenser Dieu, on ne craint plus d'offen-

ser les hommes, nos semblables, nos frères :
par conséquent toutes les lois divines et
humaines sont inutiles. Plus d'autres lois
que la volonté des plus forts, ou pour mieux
dire, plus d'autres lois que la tyrannie des
plus méchants. Donc arrivent bien vite les
désordres, les bouleversements, des misères
lamentables, de grandes désolations, contre
lesquels ni les baïonnettes ni la mitraille ne
peuvent rien. Alors par ce choc épouvantable, tout est brisé : tombe le commerce,
tombe l'industrie, tombe l'agriculture ; et
vos intérêts temporels, mes amis, que de-
viennent-ils ? Hélas ! s'ils ne sont pas tota-
lement perdus, ils sont au moins considé-
rablement diminués ! et c'est là l'inévitable
conséquence du mépris des lois de Dieu, et
de l'insouciance pour les intérêts de l'âme.

N'oubliez donc jamais votre Dieu, mes
amis, et toujours suivez ses lois. Ecoutez
ici, non pas la voix d'un saint, mais la parole d'un impie trop fameux, de Voltaire :
« Otez aux hommes, dit-il, l'opinion d'un
Dieu vengeur et rémunérateur, Sylla et
Marius se baignent alors avec délices dans
le sang de leurs concitoyens ; Auguste,
Antoine et Lépide surpassent les fureurs

de Sylla ; Néron ordonne de sang-froid le meurtre de sa mère. »

Méditez, mes amis, méditez un peu ces réflexions que vous avez peut-être rarement faites, et pratiquez la religion de vos pères, comme ils la pratiquaient eux—mêmes. Quand allant à l'église vous passez sur leurs cendres, rappelez-vous qu'ils furent pieux et bons chrétiens, et demandez à Dieu la grâce et la force de les imiter. Dans le cours des siècles, il se trouvera peut-être encore, pour la gloire de cette Paroisse, une plume qui sera heureuse de vous proposer pour modèle à vos derniers descendants.

CHAPITRE II.

Église.

Lœtatus sum in his quœ dicta sunt mihi : In domum Domini ibimus. Ps. 121.

Je me suis réjoui dans cette parole qui m'a été dite : Nous irons dans la maison du Seigneur.

Une église, si pauvre qu'elle soit, fixe ordinairement les regards du *Passant ;* et, qu'il soit incrédule ou croyant, un mouvement naturel le porte à y entrer. S'il s'agenouille devant l'autel du Dieu qui bénit celui qui le prie, il en sortira content ; s'il ne fait qu'examiner curieusement ce qui frappe sa vue, il rencontrera toujours quelque objet sympathique, et il en sortira encore content. Mais ce sentiment de joie qui effleure son âme ne l'étonne pas ; quelque chose d'instinctif le lui avait révélé avant qu'il n'eût franchi le seuil de la maison de Dieu ; car, comme l'a dit le prince des philosophes, l'homme est un *animal* religieux [1]. En effet, l'homme, quel qu'il soit, a toujours quelque religiosité, quelques sentiments qui partent du fond de son être, et qui se trahissent comme à son insu. Vous croiriez que tel ou tel n'a pas de religion, parce qu'il vit au milieu de ses frères comme un sauvage au sein des forêts ; cependant suivez-le, vous le surprendrez au milieu du danger appelant le Ciel à son secours ; vous le surprendrez faisant le signe de la croix quand il entendra le tonnerre lui annoncer la puissance de Dieu ; vous le surprendrez respectant un rameau de buis, et, dans plusieurs circonstances, se servant avec une certaine piété d'eau bénite.

Il n'y en a pas un seul parmi vous, mes amis, qui n'en fasse autant, et bien sûrement davantage. Il vous sera donc agréable que je vous parle de votre Église.

---

[1] Aristote. Certains philosophes ont défini l'homme : *animal raisonnable.*

Art. I.

Son Ancienneté.

Illùc ascenderunt tribus, tribus Domini... Ps. 121.

Là montaient les tribus, les tribus du Seigneur.

Voici votre Église, mes amis... c'est à cette porte que se pressaient autrefois les générations de vos ancêtres venant adorer Dieu dans son temple. Il serait bien intéressant pour nous de savoir à quelle année remonte sa construction. Si, comme tant d'autres, cette Église eût été décorée de quelque architecture, on pourrait aujourd'hui conjecturer dans quel siècle elle fut bâtie ; car comme le temps modifie les costumes pour les hommes, de même il modifie l'architecture pour les édifices : chaque époque montre un signe qui la caractérise. C'est ainsi, par exemple, que l'œil du connaisseur voit de suite que la boiserie reléguée sous le portail, fut sculptée sous le règne de

François I[er][1], et que la table de communion remonte à Louis XIV[2]; mais les murs de notre Église n'offrent pas le moindre document concernant son époque. Cependant si, à l'exemple des archéologues, nous interrogeons les deux pierres qui supportent le bénitier, elles nous dirons qu'elles furent taillées au XIIe siècle; mais comme nous ne sommes pas certains qu'elles soient là depuis ce temps, nous ne pouvons pas en conclure que l'Église date de Philippe Ier ou de Philippe-Auguste[3]. Pourtant elle renferme trois tombes qui nous assurent qu'elle subsiste depuis plus de *cinq cents ans*. M. Lepas nous en a laissé les épitaphes qui pouvaient encore se lire presque entièrement en 1722. Ces trois pierres tumulaires forment maintenant l'allée du chœur. Sur la première auprès du sanctuaire on lisait :

> Cy gît le corps de Jean de Boissy-sans-Avoir, chevalier, jadis sire de cette ville, qui décéda l'an de grâce 1334, le mercredi après la Saint-Rémy. Priez Dieu pour le repos de son âme.

[1] 1520. — [2] 1650. — [3] 1150.

Sur la seconde :

Dame de Boissy-sans-Avoir, jadis femme
de..... qui décéda l'an 1332.

Sur la troisième à l'entrée du chœur :

Cy gît Jacques Jourdain qui décéda l'an
de grâce 1349, le dimanche veille de.....
Priez Dieu pour son âme.

De ces trois épitaphes nous pouvons assurément conclure que notre Église existe
depuis plus de *cinq siècles.* On ne peut
guère s'étendre au delà sans rompre le fil
de la certitude.

Il n'est pas douteux que sous la première
tombe reposent les cendres de Jean de
Boissy; mais sous les deux autres ne reposent point les cendres de ceux dont elles
portent les noms. La tombe de la dame de
Boissy fut placée au bout de la première,
lors des réparations que nous avons faites
dans le chœur, en cette année 1858; auparavant elle était contre celle de Jean de
Boissy du côté de l'Évangile; c'est donc là

que reposent ses cendres. Le corps de Jacques Jourdain ne fut pas non plus inhumé là où est sa tombe ; c'est en 1724 qu'elle y fut placée par M. Lepas, pour terminer, dit-il, le dallage de l'allée. Avant cette époque, cette pierre était entre l'autel Sainte-Julienne et le banc de l'œuvre. « En 1738, le 23 février, on fit en cette dernière place une fosse pour inhumer Jean-François Hubert, vicaire de Boissy. En creusant, dit M. Lepas, on trouva quatre petits pots de terre tout neufs et de couleur jaune, et la coupe d'un calice de plomb. Dans ces pots était une terre noire comme du charbon réduit en poudre. Lorsqu'on inhumait un prêtre, en ce temps-là, on mettait dans la fosse, à chaque coin, un petit pot rempli de charbon allumé à vif, et de l'encens dessus qu'on laissait brûler et fumer pendant qu'on y descendait lentement le cercueil. »

De ces renseignements nous pouvons présumer que Jacques Jourdain était curé de Boissy.

Art. II.

Sa Dédicace.

Dedicaverunt templum Domini...
Ils dédièrent le temple au Seigneur.

La Dédicace est une cérémonie par laquelle on dédie un temple à Dieu. Ce fut Salomon et les enfants d'Israël qui lui dédièrent le premier, le temple de Jérusalem. La fête de cette dédicace dura huit jours, pendant lesquels on immola un grand nombre de victimes en l'honneur du Très-Haut. Dans la suite, Judas Machabée renouvela cette sainte cérémonie de la dédicace, et ordonna que chaque année on en célébrerait l'anniversaire, et toujours en immolant des victimes.

L'Église catholique a conservé cet usage ; elle fait la consécration de ses temples avec la plus grande solennité, et tous les ans elle en renouvelle la mémoire. C'est le dimanche qui suit l'octave de la *Toussaint* que nous célébrons cette fête. Si les chrétiens savaient bien ce que c'est que la Dédicace, ils

la solenniseraient avec plus d'empressement, et seraient saisis d'un plus profond
respect pour le lieu saint. Nous sommes loin,
mes amis, nous sommes bien loin d'avoir
pour cette fête le zèle qu'avaient les enfants
d'Israël. De tous les endroits de la terre ils
venaient, au jour de cette fête, adorer Dieu
dans le temple de Jérusalem. Souvent même
on vit des Princes étrangers, attirés par la
sainteté et la réputation de ce temple, venir
y rendre des hommages à un Dieu qu'ils ne
connaissaient pas ; et Alexandre lui-même,
ce fier conquérant, frappé de la majesté de
ce lieu et de l'auguste gravité de son vénérable pontife, se souvint qu'il était homme,
et baissa sa tête orgueilleuse devant le Dieu
des armées qu'on y adorait.

Maintenant on ne célèbre plus la Dédicace en immolant des milliers de victimes ;
c'est un Évêque qui dit de saintes prières,
qui fait des onctions avec le saint-chrême
sur les murailles, sur les colonnes, sur les
autels, et qui termine la cérémonie par le
sacrifice d'une seule victime, de Jésus-
Christ, la grande victime descendue du Ciel
pour remplacer sur la terre toutes les autres
victimes de l'ancienne loi.

Toutes les églises ne sont pas consacrées ; il en est qui ne sont que bénites ; la nôtre est de celles qui ont reçu la consécration. Je suis heureux de pouvoir vous en donner un témoignage authentique, en vous reproduisant la fidèle copie de l'acte qui en constate la dédicace. En le lisant, rappelez-vous, mes amis, quel beau jour ce fut pour vos pères, lorsque le pontife fit la dédicace de cette Église ! Réveillez votre foi et soyez dans la joie en reportant votre esprit à ce grand jour où Dieu choisit ce lieu pour sa demeure, où il s'engagea à y écouter favorablement vos prières, et à vous y distribuer ses grâces et ses Sacrements.

ACTE.

CHARLES, par la grâce de Dieu et du Saint-Siége apostolique, Évêque de Mégare et Abbé du célèbre monastère de Saint-Magloire de Paris, de l'ordre de Saint-Benoît, à tous fidèles du Christ, salut :	CAROLUS Dei et Sanctæ Sedis apostolicæ gratiâ Megarensis episcopus nec non Abbas inclyti monasterii Sancti-Maglorii Parisiensis ordinis sancti Benedicti, universis Christi fidelibus salutem :
Faisons connaître que l'an du Seigneur mil cinq cent quarante-cinq, le vingt-deuxième jour du mois de septembre, sur l'autorisation et d'après la permission du révérend père en Christ et	Notum facimus quòd anno Domini millesimo quingentesimo quadragesimo quinto, die vigesimâ secundâ mensis septembris, de licentiâ permissione re-

verendi in Christo patris et Domini Domini Ludovici Carnotensis episcopi, ejusdem Dei clementia, præsentem Ecclesiam parochialem de Buxiaco Carnotensis diœcesis ad honorem Dei omnipotentis et ad nomen sancti Sebastiani martyris, benediximus et sacravimus et dedicavimus, simulque tria altaria, majus videlicet in honorem sancti Sebastiani martyris, unum in honorem beatæ Mariæ virginis, et aliud in honorem sancti Stephani protomartyris consecravimus, quotannis præsentem Ecclesiam, die videlicet quâ festum Dedicationis celebrabitur visitantibus quadraginta dies indulgentiarum in Dei misericordiâ sperantibus misericorditer et benignè impertimur, insuper et aliquam partem terræ juxtà cœmeterium ejusdem Ecclesiæ stantem benediximus, et prædicto cœmeterio benedictam adjunximus, hujus quidem Dedicationis festum ad supplicationem Curati et Matriculariorum singulis annis Dominica quarta prædicti mensis septembris celebrari annuimus, in quorum omnium fidem infrà majus altare reliquias ali-

de Monsieur Monsieur Louis Évêque de Chartres, et par la clémence de ce même Dieu avons bénit, consacré et dédié en l'honneur du Dieu tout-puissant et au nom de saint Sébastien, martyr, la présente Église paroissiale de Boissy, diocèse de Chartres, et consacré en même temps trois autels, à savoir : le maître-autel en l'honneur de saint Sébastien martyr, un en l'honneur de la bienheureuse vierge Marie, et l'autre en l'honneur de saint Étienne, premier martyr. Nous accordons miséricordieusement et bénignement pour chaque année quarante jours d'indulgence à ceux qui, espérant en la miséricorde de Dieu, visiteront la présente Église le jour que sera célébrée la fête de la Dédicace. De plus nous avons bénit une parcelle de terre située auprès du cimetière de cette même Église, et bénite nous l'avons réunie audit cimetière. Sur la demande du sieur Curé et des Marguilliers nous avons consenti que la fête de cette Dédicace fût célébrée tous les ans, le quatrième dimanche dudit mois de septembre. En foi de toutes ces choses nous avons déposé sous le maître-autel quelques reliques de saints avec le présent acte que nous avons revêtu de notre seing et de notre sceau en présence de plusieurs hommes vénérables et discrets, et de Maîtres frère Nicolas de Saint-Ouen, curé de cette Église, docteur en théologie et prieur de Saint-Laurent de Montfort ; de Jean de Fontaynes, chanoine de Chartres ; de Sébastien Marie, vicaire ; de Denys du Mesnil, marguillier, et de plusieurs autres.

quas sanctorum cum præsenti chartâ intulimus, quam signo et sigillo nostro munivimus, præsentibus pluribus venerabilibus et circumspectis viris et magistris fratre Nicolao de Saint-Ouen, Curato hujus Ecclesiæ, doctore theologo et priore Sancti-Laurentii Montisfortis ; Johanne de Fontaynes, canonico Carnotensi ; Sebastiano Marie vicario ; Denysio du Mesnil matriculario et pluribus aliis.

Ainsy signé Charles, évêque de Mégare, avec paraphe et scellé soubs cire rouge à queue pendante du sceau dudit évêque.

En bas de cet acte M. de Bailly ajoute :

Ce que moy Pierre de Bailly, prestre licentié en théologie de l'université de Paris et curé dudict Boissy soubsigné certifie à tous qu'il appartiendra estre ainsy et estimé vérité ayant pris la peyne très-volontiers de transcrire icy cette lettre pour servir d'instruction à la postérité, craignant que la dicte lettre ne s'esgare encore et ne se trouve encore comme elle a esté longtemps et jusques à huy qu'elle est venue entre mes mains, quy lay tirée d'entre les mains des petits enfants de Boissy, esquelles elle estait venue par le moyen de l'effraction faicte par les soldats pendant les guerres passées, du petit trou au-dessous du maistre-autel dedans lequel cuydant y trouver argent, ils avaient pris ladicte lettre et les sainctes reliques quy y estaient et depuis ce temps-là esgarée jusques à huy que j'obtins ces choses promettant remettre ladicte lettre dedans ledict trou sy je puis ou de quelque mode dedans ladicte Église.

Faict audict Boissy le 20 aout 1612.

Signé : P. DE BAILLY.

ART III.

Sa Description

Vers l'an 1600.

Interroga de diebus antiquis qui fuerunt ante te... Deut., 4, 32.

Interrogez les jours qui ont été avant vous.

Cette description que je vais vous transmettre, en supprimant néanmoins quelques détails trop minutieux, est due à P. de Bailly[1].

[1] Pierre de Bailly fut curé de Boissy pendant 32 ans.

Le rond-point de l'Église où est aujour-d'hui le maître-autel, formait la sacristie à cette époque ; la dimension était de *six pieds* de face, et le plancher haut de *cinq pieds deux pouces*. Cette sacristie, qui devait être fort peu commode, fut remplacée par celle d'aujourd'hui, construite en dehors de l'É-glise en 1630, date prise sur la quittance des ouvriers qui ont travaillé à la charpente.

Le grand autel était un massif de maçon-nerie revêtu de la table de pierre qui y est encore aujourd'hui. Bénite le 20 août 1612, elle perdit sa bénédiction par le transport qu'en fit M. Lepas en 1723. Depuis lors, il n'y eut de consacré que la petite pierre car-rée et mobile qui s'incruste dans la grande.

Au-dessus de cet autel traversait d'un mur à l'autre une grosse poutre en bois de chêne portant *seize pouces* d'équarrissage, sur laquelle posaient les statues de saint Sé-bastien, de saint Nicolas, de saint Jean-Baptiste, et un tabernacle en forme de clo-cher, orné de quatre clochetons fort bien découpés, et très-bien sculptés.

Le marche-pied de l'autel, élevé de *trois* à *quatre pouces* au-dessus du niveau du sanc-tuaire, était de plâtre, tout délabré, et le de-

vant retenu par une planchette vermoulue ;
à chaque côté s'élevait une balustrade haute
de *quatre pieds*, formant une enceinte qui
ne pouvait donner place qu'au célébrant et
à deux enfants de chœur. Sur cette espèce
de barrière, du côté de l'Épître, se trouvait
un *piton* destiné à recevoir un cierge appelé
semainier, dans les comptes-rendus des marguilliers de cette époque.

Alors le chœur n'avait que *huit pieds* de
long, et était séparé de la nef, du côté de
l'Épître, par une chapelle où étaient les statues de la sainte Vierge, de sainte Barbe et
de sainte Catherine ; et, du côté de l'Évangile, par une autre chapelle où se voyait
seule la statue de saint Étienne, premier
martyr. Ces deux chapelles étaient entourées
de balustrades à hauteur d'appui, dont les
panneaux étaient découpés en figures go-
thiques. A la balustrade, du côté de l'Évangile, s'adaptait une tablette sur laquelle était
coupé le pain bénit.

Contre les murs du chœur, et pareille-
ment contre les murs de la nef, était construit un banc de pierres où s'asseyaient les
fidèles, et puis quelques mauvaises bancelles
presque toutes boiteuses.

Les bancs des *seigneurs* étaient du côté de l'Évangile ; celui de madame de Forcadel le premier, le second celui de **MM.** les Chanoines de Vincennes, seigneurs des *Petits-Prés.*

Le confessionnal occupait la place entre l'autel Sainte-Barbe et le banc de l'œuvre.

Les fonts baptismaux se trouvaient placés vis-à-vis de la première fenêtre en entrant. C'était une pierre assez mal taillée qui, un peu plus tard, fut déposée dans le jardin du presbytère, d'où elle a disparu.

A cause des renfoncements produits par l'affaissement des fosses qu'on creusait fréquemment, tout le carrelage de l'Eglise était en très-mauvais état.

Il n'y avait alors que huit fenêtres, quatre de chaque côté. Les deux qui étaient rapprochées du maître-autel étaient bouchées à moitié, et les autres avaient grand besoin de réparation.

Pour monter au clocher on dressait une bancelle à l'aide de laquelle on grimpait à la hauteur de *sept* à *huit* pieds, et arrivé là on continuait son ascension par le moyen d'une grosse échelle appuyée sur un plancher si étroit, qu'il permettait de voir, d'en bas, toute la charpente qui supportait les cloches.

Comme aujourd'hui encore, le portail était fermé par une porte à deux battants et à barreaux ; mais les deux petits cabinets qui sont de chaque côté n'existaient point.

En terminant cet article, je dois rapporter la description de la charpente assez singulière qui supportait le toit de l'Église. « Il n'y avait, dit M. Lepas, ni faîte, ni sous-faîte, ni aiguille, ni montant, ni jambe de force, ni panne ; les poutres mêmes ne portaient rien, sinon les chevrons quand ça se trouvait ; elles ne semblaient servir qu'à empêcher l'écartement des murs, mais par leur seule pesanteur et sans aucun ferrement. Les chevrons n'étaient fixés que par les lattes clouées dessus. La voûte se composait d'anciennes planches et de vieilles douves de tonneaux. »

Ajoutons que de cette charpente reste encore une sorte de beffroi [1] laissé à dessein par M. Lepas, pour rappeler que primitive-

___

[1] Charpente qui porte les cloches.

ment le clocher était sur le milieu de l'Église, la corde de la cloche tombant entre les deux poutres que vous remarquez au-dessus de la chaire et du banc de l'œuvre.

ART. IV.

Réparations et changements faits à l'Église par M. Lepas,

De 1722 à 1762.

Domine dilexi decorem domûs tuœ et locum habitationis gloriœ tuœ. Ps. 25, 8.

Seigneur, j'ai aimé la beauté de votre maison et la demeure où habite votre gloire.

Il ne paraît pas que l'on ait fait de grandes réparations à l'Église pendant le siècle qui s'est écoulé de 1600 à 1722 ; car M. Lepas la trouva à peu près dans l'état que nous venons de décrire. Mais la Fabrique, comme nous le verrons plus tard, ayant *en ce temps-là* des ressources, et les habitants étant bien disposés à seconder le zèle de leur Pasteur, l'Église prit bientôt un nouvel aspect.

M. Lepas aimait à célébrer l'office divin avec appareil et solennité ; mais le chœur, trop restreint, entravait la réalisation de ses pieux désirs.

Il commença donc à transporter le grand autel contre le mur auquel est adossée la sacristie, et à descendre les deux chapelles latérales jusqu'où elles sont aujourd'hui; et le chœur, agrandi comme nous le voyons, permit alors le développement des cérémonies.

Les huit fenêtres furent réparées et les deux qui se trouvent de chaque côté du maître-autel ouvertes. Les fonts baptismaux, renouvelés, et le confessionnal, furent placés où nous les voyons ; et le plancher cintré du bas de l'Église fut établi pour intercepter la vue désagréable de la charpente du clocher.

En 1724, tout le carrelage de l'Église fut remis à neuf. Le dallage de l'allée fut fait avec la tombe de Jacques Jourdain, dont nous avons fait mention à l'article Ier, avec une autre tombe sans épitaphe, avec une ancienne pierre d'autel sur laquelle sont posés les fonts, et trois autres dalles d'égale grandeur provenant de la table de pierre qui servait autrefois à ceux qui rendaient la justice.

Pour bien comprendre ceci, mes amis, il faut que vous sachiez que « pendant bien
» des siècles, il n'y eut ni juges, ni avocats
» en robes comme aujourd'hui. Dans les
» bourgs et dans les villages, les hommes
» du peuple étaient jugés par des juges
» appelés centeniers. Ils tenaient leurs as-
» sises dans un champ, dans un cimetière,
» aux portes des églises, dans une rue,
» toujours en un lieu public, où les parties
» pussent avoir un accès libre et facile.
» Chacun plaidait sa cause : celles des pau-
» vres et des veuves étaient appelées les
» premières. On ne pouvait rien juger
» contre eux, qu'on en eût averti l'évêque,
» parce que les pauvres étaient de la fa-
» mille de l'Eglise et les veuves sous sa
» protection. » (L'abbé LEGENDRE.)

Eh bien, mes amis, cette table de pierre était placée dans le cimetière, à droite de la petite porte en entrant à l'Église, et c'était là que se rendait autrefois la justice, que se tenaient les assises. Ensuite, le siége de la justice fut transporté à la ferme des Petits-Prés, et plus tard dans une des deux tours situées de chaque côté de la grande porte de cour de la maison de M. Barbé, autrefois résidence du *seigneur* de Boissy. Dans l'une de ces deux tours se rendait donc la justice, l'autre servait de prison, et sur le bord de la *Grande-Mare* était plantée la potence, munie de son carcan.

En 1734, après avoir planté sa charmille, M. Lepas fit de suite ouvrir une porte à la sacristie du côté du *levant*, et une autre dans le mur du jardin, afin que du Presbytère il pût aller à l'Église sans passer par le cimetière, comme auparavant.

Il avait fait beaucoup, et l'Eglise était déjà plus convenable et plus décente. Mais il y avait une chaire bien peu digne de la parole de Dieu qu'on y prêchait, une table de communion composée des anciennes balustrades enlevées aux chapelles, un banc de l'œuvre insignifiant et les murs intérieurement tout décrépis. Aussi, M. Lepas ne s'arrêta point là. En 1740, tous ces vieux meubles disparurent, et l'on vit se placer dans l'Eglise : un banc de l'œuvre, une chaire à prêcher, une table de communion, l'entrée en forme d'arcade qui sépare la nef du chœur et la boiserie qui s'étend sur tous les murs, autant d'objets ornés de riches sculptures venant de l'abbaye d'Abbecourt [1]. Je n'ai pu découvrir ni par quel moyen, ni à quel prix fut faite l'acquisition de ces meubles précieux qui font l'admiration des connaisseurs.

Tous ces achats et réparations avaient sans doute obéré la Fabrique, car ce n'est qu'en 1762 qu'on commença à restaurer l'extérieur de l'Eglise, qui en avait depuis longtemps besoin. En cette année on remit à neuf la charpente, le toit et la voûte. Le clocher penchait déjà vers l'ouest, ce qui peut faire croire qu'il a été construit de cette manière pour opposer une plus forte résistance à la violence du vent.

[1] L'abbaye d'Abbecourt était de l'ordre de Prémontré. Abbecourt est un hameau de la commune d'Orgeval, canton de Poissy, département de Seine-et-Oise. Laurent Carlier se souvenait que c'était son père avec d'autres habitants de Boissy qui avaient été chercher ces boiseries. Le banc de l'œuvre était sans doute le trône de l'Abbé.

C'est aussi vers cette époque que furent construits les trois plus forts éperons du côté du nord et les trois du côté du midi, pour empêcher l'écartement des murs. Les éperons moins saillants paraissent remonter à la construction même de l'Eglise.

ART. V.

Anciens biens et revenus de l'Eglise.

Oderunt me gratis et spoliaverunt me.

Ils m'ont haïe sans motif, et ils m'ont dépouillée !...

Comme j'ai pris à tâche de rendre ce petit travail aussi complet que possible, je ne puis omettre de constater ici l'état des anciens biens de notre Eglise, et de vous faire connaître ensuite ce qu'ils sont devenus, bien qu'il soit triste et lamentable de se le rappeler.

Dans un compte rendu en 1754 par François Rellier, marguillier, il est fait mention d'un bail passé le 3 mars 1750, attribuant à la Fabrique 30 arpents 50 perches de terre ; et en récapitulant les *rentes* données par des testaments qui nous sont connus, avec celles que nous avons trouvées aux archives de la Préfecture de Versailles, portant sur divers particuliers, on trouve que la Fabrique percevait annuellement, en rentes qu'on appelait *perpétuelles*, 286 livres 10 sols 5 deniers. Hélas ! l'Eglise jouissait en paix de ces revenus, elle en acquittait régulièrement les charges[1], lorsque la Révolution souleva le trouble et sema la désolation dans notre belle France ! et voici ce qui advint :

Le 22 fructidor, an II, les administrateurs du district de Montfort, ont vendu, appartenant à l'Eglise, 1,658 perches de terre, en 33 pièces, pour la somme de 27,175 l.

Le 28 frimaire, an III, les mêmes administrateurs ont vendu 1,064 perches de terre, en 32 pièces, pour la somme de 26,675 l.

---

[1] La Fabrique faisait célébrer, chaque année, cent sept Messes pour les *Bienfaiteurs* de l'Eglise.

Le 18 fructidor, an III [1], ont été vendues toujours par les *mêmes*, 267 perches de terre, en 5 pièces, pour la somme de 36,600 l..

Le deuxième jour complémentaire, an IV, ont été vendues, encore par les administrateurs, 383 perches de terre, en 8 pièces, situées sur Boissy et Vicq, à *Marquet* [2], pour la somme de 2,803 l. 44.

Pour les détails, voyez le tableau ci-contre.

[1] Ce même jour ont été mises en vente 25 perches de terre situées au chemin de Montfort, et n'ont pas été adjugées. Comme rien ne prouve qu'elles ont été vendues par la suite, peut-être ne l'ont-elles jamais été, et pourtant l'Eglise n'en jouit pas.

[2] Il est probable que tous les *acheteurs*, excepté ce dernier, payèrent en *assignats*. On sait que les *assignats* étaient un *papier-monnaie* qui a été décrété en 1789, et qui a eu cours jusqu'en 1796.

Contenance		DÉSIGNATION ou LIEUX DITS.
perches.	pièces.	
189	4	en la Fosse-Lucas et en l'Abime . . .
103	3	Clos-Bourrelé et la Grosse-Borne. .
155	4	La Queue et Garancières. . . . . .
146	3	sur Boissy et Galluis . . . .
186	4	Rû Mardron, Fosse-Lucas . . . . .
405	7	Fosse-Lucas. . . . .
169	3	sur Boissy et Galluis. . . . . . .
305	5	Fosse-Lucas et aux Graviers . . . .
259	7	sur Boissy et Galluis. . . . .
171	5	sur Boissy et Galluis. . . . .
174	7	au chemin de Bardelle . . . .
153	4	sur Boissy et Vicq. . . . .
142	3	Plausonée, rù de Cordet, mare carrée.
165	4	Fourneau, les Fosses, ch. de Bardelle.
25	1	au chemin de Mantes. . . . .
80	1	au chemin de Bardelle . . . .
100	1	au chemin de Bardelle . . . .
25	1	au Poirier à la Delaunay. . . . . .
37	1	au chemin des Graviers. . . . . . .
383	8	sur Boissy et Vicq.
3372		ou 17 hect., 55 ares, 80 centiares.

NOMS DES ACQUEREURS.	PRIX DE LA VENTE.
Carlier.	4475 liv.
Rellier.	2825
Percheron	2875
Carlier.	1875
Carlier.	2175
Carlier.	4500
Vannier	2625
Rémand, Soulas et Carlier	5825
Vannier	6225
Demauvière . . . _ . . .	4000
Percheron	4125
Sancé	5000
Fanu	3450
Fanu	3875
Rellier.	2450
Lecomte	10600
Lecomte	18000
Lainé	2350
Carlier	3200
Marquet..	2803. 44
	93,253. 44

Ainsi voilà 17 hectares, 55 ares, 80 centiares, dont on a dépouillé l'Eglise, et qui furent vendus pour la somme de 93,253 l.

L'Eglise possédait encore une maison située à Monfort, rue Parisis, qui fut vendue à *Delisle*, le 11 fructidor, an III, pour la somme de **39,000** livres

Ce n'étaient pas là toutes les richesses de notre Eglise. M Lepas, dans un inventaire dressé par lui, nous apprend qu'elle possédait en 1765 :

« Un calice doré par dehors et par dedans ou de vermeil, pesant 1 livre 8 onces et demie avec sa patène [1];

Un autre calice avec sa patène pesant 1 livre, la coupe et la patène dorées par dedans ;

Un saint ciboire, la coupe dorée par dedans, pesant 13 onces un peu plus ; au-dessous du pied sont les armes de Mme veuve de Forcadel, qui l'a peut-être donné...

Des vases pour les saintes huiles en argent et pesant 11 onces un peu moins ;

[1] La livre ancienne était ainsi divisée : la livre valait 2 marcs, le marc 8 onces, l'once 8 gros, le gros 72 grains.

Des burettes avec leur sous-coupe, le tout argent et pesant 1 livre 10 onces ;

Une grande croix de cuivre argenté avec le bâton argenté aussi ;

Un soleil [1] magnifique acheté en 1664 du consentement des habitants pris à la tablette de vive voix. On a fait échange de notre vieux soleil pour celui-ci, un peu plus ample et de nouveau goût, pesant 3 marcs 4 onces et valant en tout d'argent contrôlé et de façon 226 livres [2] 10 sols. Pour payer cette somme, on a d'abord donné l'ancien et une tasse qui m'avait été donnée par la dame le Mercier, veuve de Messire Claude de Forcadel, dame de Boissy, ce qui nous a épargné 90 livres. On a fourni le surplus des deniers de l'Eglise. C'est Jacques Rellier, qui était marguillier et présent avec nous à l'achat à Paris ; et c'est M. le curé de Montfort qui l'a bénit.

La même année, on a fait acquisition au même lieu d'un encensoir d'argent et de sa

[1] On appelait *soleil* l'ostensoir où se place le Très-Saint Sacrement pour être exposé à l'adoration des fidèles aux jours de saluts et de bénédiction.

[2] Autrefois on appelait *livre* en parlant de monnaie, ce qu'aujourd'hui nous appelons *franc.*

navette de même, l'un et l'autre d'un très-bon goût, pesant ensemble 4 marcs 4 onces, à 52 livres le marc, revenant en argent contrôlé et façon à 320 livres payées par ledit marguillier, et a servi pour la première fois le jour de l'Ascension, 31 mai 1764. »

Tous ces vases sacrés, toute cette argenterie furent enlevés à l'Eglise par ceux-là qui se disaient vos frères, et qui voulaient être appelés *bienfaiteurs de l'humanité.*

L'Eglise avait aussi deux cloches, dont l'une, la plus petite, datait de 1610, et l'autre de 1719.

La première eut pour parrain Maistre Claude Mahon, représenté par Messire Victor Moreau, doyen de Saint-Martin de Tours; et pour marraine Marie Foucault, femme de noble homme Maistre Gabriel Guiller, Bailli. Michel Delion et François Collet étaient marguilliers.

La seconde eut pour parrain Messire Antoine Chardonnet, et pour marraine dame Marie-Anne Lemercier, veuve de feu Messire Claude de Forcadel. Elle fut bénite par Messire Emilien Charbonneau, curé de

Boissy. Rémy Soyer et Sébastien Couillard étaient marguilliers.

La Révolution enleva encore cette seconde cloche et ne laissa que la petite.

Cette petite cloche, échappée au vandalisme révolutionnaire, fut refondue à Flexanville en 1826. Bénite le 7 mai de cette même année, elle eut pour parrain M. Dufour et pour marraine Mlle Laure Batel.

Comme la bénédiction d'une cloche est une cérémonie assez rare, que vous ne verrez peut-être pas une fois dans votre vie, je vais vous en dire quelques mots.

« Après la récitation de quelques psaumes choisis pour implorer la miséricorde de Dieu et sa protection, le Prêtre dit : Que cette cloche soit sanctifiée et consacrée, au nom du Père, et du Fils, et du Saint-Esprit ; il prie encore et lave la cloche en dedans et en dehors avec de l'eau bénite, il fait sept croix dessus avec l'huile sainte, et quatre en dedans avec le saint-chrême, il l'encense et il la nomme. » *Bergier.*

C'est ainsi que l'Eglise veut que tout ce qui a quelque rapport au culte de Dieu soit consacré par quelque cérémonie.

Mes amis, avez-vous jamais fait de sérieuses réflexions sur l'usage des cloches ?
Il est de la plus grande importance. Placée
dans un lieu très-élevé, suspendue pour
ainsi dire dans les airs, qui sonne la cloche
est comme une voix du ciel qui nous rappelle nos devoirs, qui nous fait tressaillir de
joie ou frissonner de terreur.

Quand on apporte l'enfant sur les fonts du
baptême, quand deux jeunes époux sont devant l'autel prêts à consacrer leur union
devant Dieu, quand on doit célébrer quelque grande fête, la cloche *carillonne* pour
l'annoncer. — Un chrétien vient de rendre
le dernier soupir, son corps va entrer dans
l'Eglise pour la dernière fois, on le descend
dans la fosse, le *glas* nous en avertit et nous
demande une prière en sa faveur. — Un
événement malheureux arrive-t-il ? le *tocsin*
retentit, la cloche jette ses cris d'alarme. —
Le matin elle vous appelle au travail, vers
le milieu du jour elle vous convie à prendre
des aliments qui réparent vos forces, le soir
elle vous invite au repos, afin de retrouver
le courage dans un sommeil réparateur ; et
à chacune de ces trois volées, le chrétien
doit se souvenir du salut de l'Ange à Marie,

et réciter l'*Angelus*. — Tous les jours, la cloche vous annonce le moment où votre Pasteur monte à l'autel pour offrir le saint sacrifice de la messe et prier pour vous. — Le dimanche et les fêtes, elle sonne davantage pour avertir que tous les travaux doivent être arrêtés, pour vous rappeler que vous êtes chrétiens, que votre piété doit se ranimer et que votre devoir le plus pressant dans ces saints jours est d'assister aux offices pour intéresser Dieu en votre faveur. Ces jours-là pendant la messe la cloche *tinte* à l'instant où Dieu descend sur l'autel, afin que les absents se souviennent qu'ils doivent s'unir de cœur et d'intention avec leur Pasteur qui sacrifie et leurs frères qui adorent. — Quand la procession sort de l'Eglise, soit dans cette fête trois fois solennelle où Dieu sort de son tabernacle et va se reposer au milieu des fleurs pour bénir toute une Paroisse, soit dans ces jours de pénitence où les Fidèles allant à travers la plaine font retentir les airs de pieuses invocations au Père, au Fils, au Saint-Esprit, à la sainte Vierge et à tous les Saints en faveur des biens de la terre, la cloche encore fait entendre sa voix. Enfin, pendant cette nuit de la *Toussaint*, si chère aux âmes pieuses, n'entendez-vous pas les volées sonores et lugubres de toutes les cloches de toutes les paroisses exhortant les chrétiens à prier pour le soulagement des âmes des Fidèles trépassés ? — Ainsi, mes amis, chaque fois que vous entendrez la cloche, sachez qu'elle vous dit quelque chose : écoutez-la comme la voix de Dieu.

Art. VI.

Améliorations faites dans l'Eglise, de 1842 à 1858, et par quels moyens.

O vos omnes qui transitis per viam, attendite... Thren., 1, 12.

O vous qui passez par le chemin, regardez...

Depuis 1762, à l'arrivée de M. Garreau, en 1840, on fit peu de frais pour l'entretien de l'Église et de son mobilier ; et encore pendant cet espace de temps, elle eut à subir les secousses révolutionnaires ; elle fut dépouillée de tout ce qu'elle avait de riche et de précieux ; c'est assez dire dans quel état elle pouvait se trouver après tant d'années, et une époque si malheureuse !

En 1842, M. Garreau commença à réparer les meubles de la sacristie et les ornements ; ensuite il restaura les trois autels, et passa le badigeon et le pinceau sur tout l'intérieur de l'Eglise. Dans cet élan de restauration, madame Barbé acheta un guidon de Sainte-Julienne, et gratifia d'une croix et de deux chandeliers argentés l'autel de cette sainte. Madame Acier donna quelques vases ornés de fleurs ; on acheta un cierge pascal, une ou deux chasubles, et une bannière de la sainte Vierge.

Douze ans plus tard, à mon entrée dans cette Eglise, en 1854, tout cela ne put m'empêcher de remarquer le pauvre état où elle se trouvait. En voyant tout ce qui manquait, toutes les réparations qu'il y avait à faire, je poussai un long soupir de douleur ! Cette Eglise me sembla un débris de l'antique Jérusalem répétant cette parole du Prophète : O vous tous qui passez par le chemin, regardez... En présence de tant de besoins, aucune ressource ! A qui s'adresser ? A vous, mes amis ; mais depuis deux ans vous aviez fait de minces récoltes, vous ne pouviez donner beaucoup.

Dans mon embarras, j'ai osé faire un appel à la générosité des propriétaires forains, et au moyen des secours obtenus de Messieurs Descuns et Alfred Le Pippre de Montfort, et de Monsieur d'Allonville de Versailles, qui ne ferment jamais l'oreille à une voix suppliante, nous avons réparé une fenêtre qui ne tenait plus, acheté quelques parures simples pour l'autel, et un petit meuble qui défendît les fleurs et les bannières contre la poussière et l'humidité, deux agents trop destructeurs pour une Eglise pauvre.

Ensuite je me suis tourné du côté de l'*OEuvre des tabernacles*, que Mgr Gros, de sainte mémoire, créa dans sa sollicitude pastorale, pour venir en aide aux pauvres Eglises du diocèse de Versailles. J'ai fait la demande d'un Ostensoir, car ce n'était qu'en tremblant que je me servais de celui qui existait, à cause des profanations qui pouvaient arriver. Par cette pétition, revêtue du cachet d'indigence apposé par le doyen du canton, l'Ostensoir ne tarda pas à nous arriver.

Mais un Ostensoir neuf et brillant récla-
mait une *Exposition*, et nous n'en avions
pas. Depuis quelque temps je la désirais, et
comme j'entendais dire que l'or était très-
commun, j'espérais qu'une âme bien inspirée se trouverait peut-être pour faire cette
aumône que mon cœur mendiait en silence.
En effet, mon espérance n'a pas été trom-
pée : une personne généreuse a pleinement
satisfait mon désir. Vous la connaissez, mes
amis, c'est Madame Carlier [1], dont la muni-
ficence a gratifié notre Eglise, non-seulement d'une riche *Exposition*, mais encore
d'une belle statue de la sainte Vierge, deux
objets qui nous sont arrivés le 10 août par
les soins obligeants de sa fille, Madame
Dubocq de Garancières, et qui ont été inau-
gurés le jour de la fête de l'Assomption
1856, à la grande joie du Pasteur et des
Paroissiens. Je le note ici pour en conserver le souvenir, et pour perpétuer le
sentiment de la reconnaissance de toute
la Paroisse envers la personne pieuse et
éminemment chrétienne qui a fait ce don.

[1] Madame Carlier habite Paris. Elle a fait cette
bonne œuvre en mémoire de M. François Carlier,
son mari, qui était natif de Boissy.

Arriva 1857, bonne année. Le Ciel bénit les travaux du cultivateur, et surtout le labeur du vigneron : la Providence sema largement ses bienfaits sur les campagnes. Chaque arpent[1] rendit à son maître 15 hectolitres de blé, et au vigneron 40 hectolitres de vin. Les uns devaient donc à saint Eloi une gerbe de remercîment, les autres à saint Vincent une grappe de reconnaissance, et tous des actions de grâces au grand Maître de toutes choses qui avait jonché la terre de ses faveurs[2].

Je crus alors la circonstance favorable pour aller chez tous mes Paroissiens quêter l'obole de leur charité pour l'Eglise. Les dons, *comme toujours*, ne furent pas mesurés par la fortune, mais par le cœur, et il s'en trouva (*quelques-uns*) qui n'en avaient

---

[1] L'arpent est de 52 ares 7 centiares.

[2] Quoique les vendanges aient été assez abondantes, le vin s'est vendu cher ; depuis la récolte, le prix a toujours été en augmentant. Au commencement il s'est vendu 54 fr. la pièce, et au mois de juin 92 fr. Je le note ici, parce que les anciens n'avaient jamais vu le vin à un si haut prix, une année de telle abondance. Constatons aussi qu'il était d'une qualité rare pour le pays.

pas. Ceci ne m'étonna pas, car je suis déjà trop vieux... Je dirai néanmoins avec un sentiment de reconnaissance, que je fus satisfait du résultat de mes démarches. La somme que je recueillis s'éleva à 253 fr., et en sus Monsieur le Marquis de Martainville, propriétaire de la ferme des *Petits-Prés*, donna 100 fr., et Monsieur d'Allonville 20 fr., ce qui forma en totalité une somme de 373 fr., que nous employâmes au mois d'août 1858 : — à carreler le sanctuaire, le chœur et l'espace qui se trouve entre les chapelles ; — à disposer quatre tombes pour former l'allée du chœur, les deux premières près de la table de communion étant auparavant l'une à côté de l'autre, et la troisième et la quatrième n'étant pas alignées ; — à faire une niche au-dessus de chacun des petits autels, l'une pour la statue de la sainte Vierge, l'autre pour la statue de sainte Julienne, venant d'être restaurée et munie de la palme du martyre par Léopold Duchemin ; — à établir un plancher et deux bancs pour les hommes de chaque côté du chœur ; — à ôter les deux stalles qui étaient en bas du chœur, pour les placer dans le haut ; — à ériger un pupître sur chaque côté pour les chantres, afin qu'ils disparaissent du milieu du chœur, où ils masquaient le grand autel, et empêchaient aux fidèles de suivre des yeux comme du cœur les cérémonies des saints offices ; — enfin, à peindre les quatre bancs neufs et les marche-pieds des trois autels, qui avaient grandement besoin de ce vernis de propreté.

L'abondance de 1858 ne le cède en rien à celle de 1857. Seulement il y a très peu de fourrages, un peu moins de vin ; mais en revanche il y a des fruits à ne savoir qu'en faire.

Nous pourrons donc, mes amis, continuer les restaurations dont notre Eglise a encore besoin. Ce que nous avons fait, grâce à votre générosité, c'est déjà quelque chose ; mais ce n'est pas suffisant pour réparer les outrages d'un siècle!... Honorez Dieu de ce que vous avez, nous dit la sainte Ecriture, et l'abondance remplira vos greniers et vos pressoirs regorgeront de vin [1].

---

[1] Honora Dominum de substantiâ tuâ... et implebuntur horrea tua saturitate, et vino torcularia tua redundabunt. *Prov.*, 3, 9, 10.

Quand la chaumière du pauvre a été battue, ébranlée par les vents et détériorée par les grandes eaux, elle inspire aux *Passants* des sentiments de pitié. Pourquoi donc le mauvais état de la maison du Seigneur ne ferait-il pas naître un sentiment de compassion dans le cœur qui vient y faire sa prière ?

A la vue d'un homme tombé dans l'indigence par accident, par le ravage d'un incendie ou par quelque désastre d'une autre nature, votre cœur se laisse émouvoir. Eh bien, mes amis, considérez votre Eglise, voyez ce qu'elle est maintenant, et souvenez-vous de ce qu'elle fut autrefois... Ah ! c'est elle qui fut battue par les orages, détériorée par les grandes eaux de la tribulation, ravagée par la fureur des tyrans ! Elle est là au milieu de vous, comme une mère pauvre et désolée au sein de sa famille. Vous la reconnaissez, vous pouvez apprécier son état malheureux ; c'est à vous, ses enfants, de lui venir en aide. Quand votre Pasteur demande pour elle, donnez donc, mes amis, donnez tout ce qui vous est possible. A mesure que vous embellissez vos maisons, il est tout naturel que vous pensiez aussi à l'embellissement de la maison de

Dieu, qui est le souverain de toutes choses, qui vous a donné la vie, qui vous la conserve, qui vous éclaire de son beau soleil, qui vous envoie les rosées bienfaisantes qui font fructifier votre travail. Vous savez qu'il ne laissera pas sans récompense un verre d'eau froide donné en son nom. Donnons, donnons ; hâtons-nous de donner, car le temps marche vite : l'aiguille qui marque les heures ne s'arrête jamais.

Art. VII.

Saints et Saintes qui furent en vénération autrefois dans cette Paroisse, et ceux qui y sont encore vénérés aujourd'hui.

Ad te levavi oculos meos, qui habitas in cœlis. Ps. 122.

J'ai porté mes regards vers vous qui habitez dans les cieux.

Le mot *Patron*, comme vous le savez peut-être bien, mes amis, signifie *Protecteur*. Chacun de nous a son *Patron*, son

Protecteur spécial, ce qui signifie encore que nous avons tous besoin de secours et d'appui. Mais s'appuyer sur un de ses semblables, ce serait appuyer la faiblesse sur la faiblesse [1]. Ce n'est point ici-bas qu'il nous faut chercher un Protecteur tel que le demandent nos besoins. Dans tous les temps cette vérité a été comprise ; car toujours l'homme tombé dans l'embarras, la détresse et le malheur, porte naturellement ses regards au Ciel ; c'est là que son âme s'élance instinctivement pour trouver quelque chose qui l'encourage et le console. Ne vous semble-t-il pas à vous-mêmes, mes amis, que tous les hommes, les mains tendues vers le Ciel, devraient souvent s'écrier comme le Roi-Prophète : « Je lève les yeux vers la montagne d'où me viendra le secours [2] ! Oh ! oui, mes amis, car c'est du Ciel, et seulement du Ciel, que nous viennent les secours réels et puissants. Les Juifs, exilés et captifs à Babylone, se tour-

---

[1] Non in fortitudine suâ roborabitur vir. *1 Reg.*, 2, 9.

[2] Levavi oculos meos in montes, undè veniet auxilium mihi. *Ps.* 120.

naient du côté de Jérusalem, leur patrie, pour prier. Ils levaient les yeux vers les montagnes de Sion et de Moria entre lesquelles Jérusalem était située. Ils savaient que les secours qu'ils pouvaient attendre, devaient leur venir de cet endroit d'où Dieu faisait éclater ordinairement les effets de sa protection en leur faveur. Eh bien, mes amis, nous tous, fils d'Eve, exilés dans cette vallée de larmes et de misères, comme les Israélites à Babylone, à leur exemple, portons nos regards vers la céleste Jérusalem, et invoquons nos saints *Patrons*, afin qu'ils nous aident à obtenir des secours aussi multipliés et aussi grands que nos besoins. C'est le désir de l'Eglise, notre mère commune ; connaissant les misères et la faiblesse de ses enfants, elle nous a assigné et donné à tous, au nom de Jésus-Christ, le jour de notre baptême, des *Patrons* qui pussent à la fois et nous aider de leurs prières, et nous encourager par l'exemple de leurs vertus. Non-seulement chacun de nous a son patron particulier[1],

---

[1] Nonne omnes (angeli) sunt administratorii spiritus in ministerium missi p ropter nos? *Hébr.*, 1, 4.

mais nous en avons qui nous sont communs ; car chaque Nation, chaque Diocèse, chaque Paroisse reconnaît un saint du Ciel qu'il vénère avec amour et dont il implore la protection avec confiance. Ainsi la France reconnaît pour Patronne la sainte Vierge, le Diocèse de Versailles saint Louis, cette Paroisse saint Sébastien.

§ 1.

Saint Sébastien, Patron de cette Paroisse

Sancte Sebastiane, ora pro carissimâ nostrâ Parœciâ.

Saint Sébastien, priez pour notre chère Paroisse.

Tous les saints sont les amis de Dieu, il les écoute tous favorablement ; mais plus ou moins favorablement, selon qu'ils pratiquèrent la vertu à un degré plus ou moins élevé. La sainte Vierge, qui est la plus élevée en sainteté, est la plus favorablement

5

écoutée de Dieu. Il est donc bon de connaître les saints qu'on invoque particulière-
ment. C'est pourquoi j'ai cru devoir vous dire
quelques mots sur chacun des Saints que je
vais rappeler à votre souvenir, afin de vous
porter à les invoquer avec une plus grande
confiance.

« Saint Sébastien naquit à Narbonne [1],
dans les Gaules ; mais il fut élevé à Milan,
dont la famille était originaire. Il se mon-
tra, dans sa jeunesse, fervent disciple de
J.-C. En 283, il partit pour Rome prendre
parti dans les armées de l'Empereur Carin,
afin d'être plus à portée de secourir les
martyrs dans leurs souffrances. Bientôt se
présenta l'occasion. Marc et Marcellien, tous
deux condamnés à mort pour J.-C., se lais-
saient attendrir par les larmes de leurs parents ; ils paraissaient faiblir dans les tortures. Sébastien craignant qu'ils n'eussent
pas la force de souffrir le martyre, ranime
leur courage par un discours plein de feu,
dont les assistants furent si vivement tou-

[1] Ville située dans le Languedoc, département
de l'Aude.

chés, qu'ils se firent chrétiens , et peu de temps après souffrirent aussi le martyre. Dans cette circonstance, Zoé muette depuis six ans, retrouva la parole par un signe de croix que Sébastien lui forma sur la bouche. Après avoir envoyé au Ciel plusieurs martyrs, Sébastien brûlait du désir d'aller se réunir à eux. Le moment ne tarda pas. Dioclétien le remit entre les mains des archers, avec ordre de le percer de flèches, ce qui fut aussitôt exécuté. Laissé pour mort, il fut recueilli par une sainte veuve nommée Irène, et en peu de temps il revint à une santé parfaite. Mais Dioclétien irrité de le revoir vivant, ordonna qu'il fût assommé à coups de bâtons et jeté ensuite dans un cloaque. C'est ainsi qu'il cueillit la palme du martyre le 19 ou le 20 janvier 288. » *Extrait de Godescard.*

Comme vous le comprendrez, mes amis, saint Sébastien doit avoir un grand crédit auprès de Dieu , après avoir tant souffert pour sa gloire, et avoir encouragé les autres à souffrir. Plusieurs villes et plusieurs pays ont été redevables de sa puissante protection auprès de Dieu, de la délivrance du fléau de la peste. On en ressentit surtout les effets à Rome en 680, à Milan en 1575, à Lisbonne en 1599.

Vos ancêtres aussi avaient une grande vénération pour saint Sébastien. Une confrérie avait été érigée en son honneur, afin que par la réunion d'un plus grand nombre de prières, on obtînt plus sûrement les grâces qu'on demanderait à Dieu, par son intercession. Vos pères comprenaient bien que la meilleure manière d'honorer les saints, c'était de les imiter. Aussi ils tâchaient de se mettre en état de grâce et de recevoir la sainte communion le jour de la Saint-Sébastien. «Dès la veille, dit M. Lepas, à deux heures, ou environ, après midi, on sonne en volée la petite cloche sans tinter, pour annoncer les confessions. Si cette veille est un dimanche, on entend les confessions après les vêpres et le lendemain matin. Il est à propos de disposer un second confessionnal et de tâcher d'avoir un Curé voisin, afin qu'on puisse entendre toutes les personnes qui désirent se confesser. »

Ce jour-là était un jour donné tout entier à la prière, et le lendemain on faisait un service solennel pour tous les Confrères et

Consœurs défunts de la confrérie de Saint-Sébastien.

Le 13 octobre, on fêtait encore la translation des reliques du Patron vénéré. On chantait la messe et les vêpres, et le *bâtonnier* rendait les comptes, à moins qu'on ne les différât à cause des vendanges. Dans ce cas, la messe était dite de très-grand matin, même avant le jour. La procession et autres cérémonies étaient remises au dimanche suivant.

§ 2.

Saint Vincent, patron des Vignerons.

Sancte Vincenti, ora pro dilectis nostris Vinitoribus.

Saint Vincent, priez pour nos bien-aimés Vignerons.

Comme vous êtes presque tous Vignerons, mes amis, et qu'en cette qualité vous honorez saint Vincent comme votre *Patron*, on peut bien dire que ce Saint est le second Protecteur céleste de cette Paroisse. Il n'est pas étonnant qu'il y ait eu autrefois une confrérie érigée en son honneur. Du reste, saint Vincent est un des plus illustres martyrs de J.-C., comme vous allez en juger vous-mêmes.

« Saint Vincent naquit à Saragosse, en Espagne. Vincent, qui se glorifiait hautement d'être chrétien, passa par tous les genres de tortures de la cruauté la plus raffinée, en conservant toujours une paix profonde et une tranquillité inaltérable, qui éclataient sur son visage, dans ses discours et dans tous ses mouvements.

» Il fut d'abord lié sur un chevalet, et les bourreaux lui tirèrent si violemment les pieds et les mains avec des cordes, qu'ils lui disloquèrent les os. A cette torture on ajouta encore celle des ongles de fer. Toutes les parties de son corps furent tellement déchirées, qu'en plusieurs endroits on lui voyait les os et les entrailles. Au milieu de toutes ces souffrances, la joie était peinte sur son visage. Dacien voyant que tous ces tourments ne lui faisaient rien, condamna Vincent à la question du feu, la plus cruelle

de toutes. On l'endurait sur un lit de fer
dont les barres, faites en forme de scie et
garnies de pointes très-aiguës, étaient posées
sur un brasier ardent. On étendit Vincent
sur cette horrible machine. Toutes les parties de son corps qui n'étaient pas tournées
du côté du feu, furent déchirées à coups de
fouet, et brûlées avec des lames rouges, et
l'on jetait du sel sur toutes ses plaies. Mais
plus Vincent souffrait, plus il paraissait gai
et content. Dacien, outré de rage en voyant
qu'il ne pouvait rien sur Vincent, le fit
conduire en prison, et coucher sur des morceaux de pots cassés. Mais Dieu n'aban-
donna pas son serviteur. Des anges descen-
dus du ciel sont venus verser du vin et de
l'huile sur ses plaies pour les adoucir, et
chanter avec lui les louanges du Dieu qui
le protégeait. Le geôlier ayant regardé par
les fentes de la porte, vit le cachot éclairé
d'une vive lumière, et le Saint qui se pro-
menait en chantant des hymnes. Il fut si
frappé de ce prodige, qu'il se convertit sur-
le-champ, et reçut ensuite le baptême. Dacien en pleura de rage, et laissa le Saint en
repos. Les fidèles pouvant alors l'aller voir,
baisaient en pleurant les cicatrices de ses

plaies , et recueillaient son sang dans des linges qu'ils emportaient respectueusement chez eux , comme un préservatif assuré contre tous les maux. On mit ensuite le Saint sur un lit fort mou ; mais à peine y fut-il couché, qu'il expira. C'était le 22 janvier 304.» *Extrait de Godescard.*

En voilà, n'est-ce pas, mes amis, en voilà de la patience et du courage au milieu des souffrances. Bien insensé serait celui qui ne reconnaîtrait pas ici la puissance de la grâce de Dieu soutenant notre pauvre humanité qui, dans sa faiblesse native, jette les hauts cris à la seule piqûre d'une épingle!.. Apprenez de votre saint *Patron* comment on souffre pour Dieu. Quand vous serez accablés du poids de la chaleur et du jour, songez au martyre de saint Vincent ; donnez-lui une pensée pieuse, relevez la tête vers le ciel, et vous sentirez circuler une nouvelle vigueur dans vos membres fatigués. En cultivant votre vigne, songez aussi quelquefois à ces anges qui sont venus visiter saint Vincent dans sa prison, et répandre du vin sur ses blessures ; car c'est probablement pour cette raison que les vignerons ont voué un culte particulier à saint Vincent, dans la pensée qu'il devait protéger ceux qui travaillent à la production de cette liqueur qui vint adoucir ses plaies.

Retenez ces vers, et fredonnez-les quelquefois en sarclant votre vigne :

> Montez au ciel victorieux,
> Chargé de palmes et de gloire;
> De nos besoins et de nos vœux
> Saint Vincent, gardez la mémoire.
> Pensez surtout au vigneron,
> En pensant au secours des anges;
> Il vous a pris pour son patron :
> Intercédez pour ses vendanges [1].

Autrefois on célébrait la Saint-Vincent avec la solennité d'une fête de pieuse confrérie. C'était le *bâtonnier* qui présentait le pain bénit. « A cette messe, dit M. Lepas, on annonce la reddition des comptes pour quelque temps après midi, à moins qu'on ne juge à propos de la remettre au dimanche suivant. Environ à midi et demi

[1] Dernière strophe d'un cantique chanté à l'inauguration de la statue de saint Vincent dans l'église de Garancières, le 22 janvier 1846, et composé par M. l'abbé Picoul, Curé de la Paroisse.

on sonne un coup à deux cloches en volée, sans tinter. Peu de temps après, le sieur Curé avec son registre, plume et encre, se rend à la maison du *bâtonnier*, où les Confrères sont assemblés. On les appelle tous pour en savoir le nombre, afin que chacun paye sa portion de la dépense. On calcule, on diminue la somme à proportion des quêtes, et l'on se met en recette. Le compte rendu, le sieur Curé se retire et laisse par complaisance les Confrères se récréer un moment ensemble, en attendant les vêpres. On les sonne peu de temps après, et quand le *Magnificat* est chanté, on fait une petite exhortation. Ensuite on fait la procession et l'on chante le *Te Deum*. Tout cela fini, on recommande les défunts aux prières, et l'on chante un *Libera*. Ensuite on dit un *Pater* pour le *bâtonnier* sortant, et un *Pater* pour le rentrant. Si la pièce n'était pas prise, on nommerait *bâtonnier* le plus ancien de la confrérie, qui ne l'aurait pas encore été.»

Voilà, mes amis, comment se fêtait autrefois la Saint-Vincent. N'admirez-vous pas, comme moi, cette manière bonne et simple, dont les choses se faisaient parmi vos ancêtres ? Voyez ce bon Pasteur au milieu de ses Paroissiens, qui sont unis comme des frères, les appelant tous, réglant leurs petits comptes, arrangeant toutes les affaires, comme un heureux père au sein d'une famille chérie. Oh ! que son cœur de prêtre devait éprouver de joie et de contentement !.. Il me semble le voir s'en aller, en leur disant avec un gracieux sourire : Amusez-vous un peu, mes amis. bientôt nous chanterons les vêpres…. En ce temps-là on allait aux vêpres ; on n'aurait pas cru avoir bien fêté la Saint-Vincent, si l'on n'eût pas chanté le *Magnificat* et le *Te Deum*, et entendu la petite exhortation du vénéré Pasteur.

Aujourd'hui nous célébrons encore la Saint-Vincent ; mais, hélas ! plus de confrérie !.. Il n'y en a plus, parce que les liens de l'union fraternelle sont brisés. Chacun fait bande à part, chacun s'enterre avant d'être mort ; plus d'intimité, plus de ces joyeuses réunions de familles qui faisaient le charme de l'existence, le bonheur de la vie simple et paisible de nos aïeux. Tout a disparu avec les pratiques de la religiou.... Voulez-vous que ça revienne ? Ayez la foi et la piété de vos ancêtres, et vous verrez se renouer les liens de familles à familles, vous verrez renaître l'intimité, la confiance des temps antiques.

§ 3.

Sainte Julienne.

Sancta Juliana, ora pro nobis.
Sainte Julienne, priez pour nous.

« C'est au ive siècle que naquit Julienne, d'une famille noble. Evilase, préfet de la ville de Nicomédie, désirant l'avoir en mariage, n'épargna rien pour obtenir son consentement : présents, caresses, discours pleins de douceur, tout fut mis en œuvre, et rien ne put tenter Julienne. Comme l'amour méprisé s'enflamme bien vite de colère, le préfet irrité ordonne que le corps de la jeune vierge soit déchiré à coups de fouet, qu'elle soit suspendue par les cheveux, que des lames de fer rouge lui soient appliquées sur les côtes, et qu'ensuite on la jette dans les flammes. La bienheureuse martyre, plus forte que les hommes, triomphe de toutes ces tortures. Mais Évilase, vaincu dans tous ces genres de cruautés, ordonna qu'on lui tranchât la tête.

Cette sainte est partout en grande vénération.

> De toutes parts, les peuples accourent à son tombeau demander par son intersion, la délivrance de quelque fléau dont Dieu chàtie parfois ses enfants pour les rappeler à lui...
>
> Ad ejus tumulum advolant undique populi, ut per ejus suffragia a Deo febrium relaxationem, pestiferorum morborum depulsionem..... obtineant. *Leg. Brev. rom.*

Depuis bien longtemps sainte Julienne est très-vénérée dans la paroisse du Val-Saint-Germain.

A Boissy existait autrefois une grande dévotion à cette Sainte, parce qu'on y avait ressenti d'une manière frappante les heureux effets de son intercession.

En 1724, une maladie contagieuse régnait dans cette paroisse et y exerçait d'effrayants ravages. En peu de jours, bon nombre de personnes, parmi lesquelles on comptait *vingt-deux chefs de familles*, furent enlevées par une mort prompte et violente. Témoins d'un spectacle si alarmant, les habitants portèrent leurs regards vers le Ciel pour réclamer des secours qu'ils ne pouvaient trouver sur la terre : toute la Paroisse en prière invoqua sainte Julienne. « Cette Sainte n'eut pas été plus tôt invoquée, dit M. Lepas, que le fléau cessa, et que les personnes déjà attaquées de cette maladie recouvrèrent promptement la santé, et quelques-unes existent encore aujourd'hui, 1761, parmi nous. »

En reconnaissance des heureux effets d'une protection si visible, commença le pèlerinage de sainte Julienne au Val-Saint-Germain. Pendant l'hiver de cette même année 1724, on fit une quête pour acheter une souche qui fut placée à la chapelle de cette Sainte. Pendant longtemps on y porta chaque année une *pointe de cire* d'une livre, qu'on allumait aux principales fêtes de l'année. Ce pèlerinage se faisait ordinairement au mois de septembre, le mardi d'après la Nativité de la sainte Vierge.

« Nous avons nous-même assisté à ce pèlerinage, dit M. Lepas, pendant *vingt-quatre
ans* de suite, et avec un grand contentement,
à cause du grand nombre qui y venaient,
et de la dévotion que je pouvais remarquer.
Cela a cessé en 1748, par une défense de
Mgr notre Evêque de faire des processions,
lorsqu'on ne peut rentrer le même jour, et
à nous d'y assister. On y porte encore tous
les ans une *pointe de cire*. On quête à la
messe et aux vêpres, pendant l'août et jusqu'au jour du départ, pour les dépenses spirituelles qu'on fait en ce lieu-là, qui sont
d'y faire chanter les vêpres le jour d'arrivée, la messe le lendemain matin, et l'achat
de la *pointe de cire*.»

Depuis ce temps le nombre des pèlerins
alla toujours en décroissant, et maintenant
on n'y va plus : le souvenir du fléau est
passé.

Néanmoins, quoique ce pèlerinage soit
tombé, il y a encore, dans cette Paroisse,
de la dévotion à sainte Julienne. Sainte Julienne a son guidon particulier, qui marche
à toutes les processions ; elle a son autel ;
chaque année, au jour de sa fête, les fem-

mes font chanter une messe et présentent un pain bénit ; et de temps en temps on demande une messe en l'honneur de la *bonne* sainte Julienne. Je suis heureux, mes amis, de pouvoir le constater ici, et de vous exhorter en même temps à ne jamais abandonner cette dévotion, qui a pris naissance le jour où, par l'intercession de cette sainte, Dieu fit cesser le fléau qui avait plongé tous les habitants dans la consternation. Oui, mes amis, souvenez-vous-en, cette dévotion a été fondée dans la consternation, le deuil et les larmes ; elle a été fondée au milieu des veuves éplorées, des orphelins qui pleuraient leur père, et des prières de tous ; ne l'oubliez jamais... Si Dieu a frappé nos pères, ne pourrait-il pas nous frapper nous-mêmes ? Eh bien ! nos ancêtres nous ont appris le moyen de désarmer la divine justice ; suspendons à jamais ses coups, en implorant sans cesse la puissante intercession de sainte Julienne.

§ 4.

Saint Hubert.

Sancte Huberte, ora pro nobis.
Saint Hubert, priez pour nous.

« Dieu, toujours admirable dans ses miséricordes, employa des voies extraordinaires pour faire passer Hubert d'une vie toute mondaine à une vie entièrement consacrée à son service. Mais on ne sait rien de certain sur ce qui le concerne jusqu'au temps où il se mit sous la conduite de saint Lambert, évêque de Maëstricht. On dit qu'il sortait d'une famille noble de l'Aquitaine ; qu'il passa sa jeunesse à la cour de Thierri III, et que, selon toute apparence, il fut quelque temps au service de Pépin d'Héristal, qui devint maire du palais d'Austrasie en 681. On dit aussi qu'il aimait la chasse avec passion, et qu'il se livrait aveuglément aux vanités mondaines, quand touché par la grâce, il prit la résolution de ne plus vivre que pour J.-C.

Sa ferveur et ses progrès dans les sciences ecclésiastiques lui méritèrent l'honneur d'être élevé au sacerdoce. Evêque de Liége, il mourut le 30 mai 727. Son tombeau est dans l'église Saint-Pierre, à Liége. Un grand nombre de pèlerins vont visiter la châsse de saint Hubert, qu'on invoque surtout contre la rage, et par l'intercession duquel il s'est opéré plusieurs guérisons miraculeuses. On doit implorer les secours du Ciel contre la rage avec d'autant plus d'ardeur que la science du médecin est impuissante à la guérir.» *Extrait de Godescard.*

« Autrefois, dit M. Lepas, il y avait ici, assez souvent, un chevalier qui se disait de la famille de saint Hubert, qui touchait pour préserver de la rage et de la morsure des chiens, et autres animaux enragés. Il y avait établi une confrérie, et enrôlé presque tous les habitants de la Paroisse. J'en ai moi-même vu encore un grand catalogue. Il donnait des exemplaires de l'oraison de ce Saint; j'en ai retrouvé quelques-unes. La voici :

« Seigneur Dieu tout-puissant qui, par votre bonté infinie, avez conduit le bien-heureux saint Hubert dans la voie de la vérité, que la vanité lui avait cachée si longtemps, et qui, par les prières de ce grand Evêque, avez guéri une infinité de personnes de la morsure des bêtes enragées, faites, s'il vous plaît, que par l'intercession de votre serviteur, nous puissions être délivrés de tous nos ennemis visibles et invisibles, afin qu'étant parfaitement sains de corps et d'esprit, nous bénissions incessamment votre nom sur la terre, et vous rendions des actions de grâces immortelles dans le ciel, par notre Seigneur Jésus-Christ. Ainsi soit-il. »

§ 5.

Sainte Cécile.

Sancta Cecilia, ora pro dilectis nostris Cantoribus.

Sainte Cécile, priez pour nos bien-aimés Chantres.

« Sainte Cécile était romaine et issue d'une famille noble. Elle fut élevée dans les principes de la religion chrétienne, et elle en remplit toujours les devoirs avec la plus parfaite fidélité. Elle souffrit le martyre vers l'an 230. » *Godescard.*

Les musiciens l'ont choisie pour *Patronne*, parce qu'elle s'accompagnait souvent de la musique en chantant les louanges de Dieu. Elle obéissait à la voix du prophète, appelant tous les peuples de la terre à reconnaître et à admirer les merveilles de l'incarnation du Fils de Dieu : *Accompagnez vos hymnes avec la harpe, mêlez ses sons à vos cantiques* [1].

En parlant de la Sainte-Cécile, M. Lepas dit : « On doit bien la célébrer ici, à raison du chant que l'on aime beaucoup dans cette Paroisse, et à cause du grand nombre de Chantres qui y sont élevés. Et pour les animer dans ce saint exercice, on doit chanter la messe comme fête double, l'annoncer au prône et les y exhorter le dimanche précédent. »

Vous voyez, mes amis, qu'on a toujours aimé le chant dans cette Paroisse. Vous êtes contents, j'en suis sûr, qu'on rende de vous ce témoignage. Il est flatteur, car c'est une gloire pour un chrétien de contribuer aux solennités des cérémonies religieuses. En édifiant ses frères, on s'édifie soi-même ; en élevant sa voix vers le ciel, on y élève son cœur, et le cœur des fidèles assistants ; et quand le cœur monte au Ciel, il en revient toujours content. C'est que, voyez-vous, mes amis, il y a là-haut quelque chose

[1] Psallite Domino in cithara, in cithara et voce Psalmi. *Ps.* 97, 5.

qui satisfait ce pauvre cœur de l'homme , qui n'a point été créé pour la terre. Aussi jamais les choses d'ici-bas ne pourront le rassasier : plus il a, plus il veut avoir. C'est ce qui faisait dire à saint Augustin : *Notre cœur ne peut avoir de paix et de repos que dans le sein de Dieu*[1]. Faisons donc tous nos efforts pour entretenir et perpétuer ce goût pour les chants de l'Eglise, goût qui dénote en vous un sentiment religieux, dont j'aime à vous féliciter.

M. Lepas, désireux de conserver le souvenir des choses extraordinaires , rapporte qu'en 1769[2], après la messe de Sainte-Cécile, il y eut un déjeuner au presbytère, où l'on a mangé du pain de *truffes*[3] très-excellent, dit-il, mêlé avec du blé.

Ce souvenir me donne occasion de faire ici une digression qui ne vous sera point désagréable. Je vais vous retracer briève-

[1] Irrequietum est cor nostrum donec requiescat in te Domine.

[2] L'année 1769 fut une année de disette générale.

[3] Truffe est le nom qu'on donnait autrefois, et qu'on donne encore aujourd'hui en certaines contrées, à la pomme de terre.

ment l'histoire de la pomme de terre que
vous avez raison de cultiver avec soin.

« La pomme de terre, mes amis, est
originaire du Pérou. Apportée en Europe
dès le xvᵉ siècle, elle fut cultivée en grand
en Italie dès le xviᵉ, et un peu plus tard in-
troduite en France par les Anglais. *Turgot*
en étendit la culture dans le Limousin et
dans l'Anjou. Mais elle fut l'objet d'une
aveugle prévention ; on prétendit d'abord
qu'elle engendrait la lèpre, ensuite des fiè-
vres nombreuses ; plus tard on disait encore
qu'elle appauvrissait le terrain où elle était
plantée, et que d'ailleurs il fallait une terre
riche pour la faire prospérer. Ce fut pour
démontrer le contraire de ces dernières as-
sertions que *Parmentier*, vers l'an 1775,
demanda au gouvernement quelques arpents de la plaine des Sablons, dont la stérilité n'avait encore pu être vaincue. On lui
donna 54 arpents, qu'il ensemença en bra-
vant les plaisanteries de ceux qui traitaient
sa conduite de folie. Bientôt ces racines
poussèrent des tiges qui se couvrirent à leur
tour de fleurs. *Parmentier* s'empressa d'en
composer un bouquet qu'il porta à Louis XVI,

qui avait favorisé l'entreprise ; et ce prince en para sa boutonnière. La récolte vint encore confirmer les espérances de *Parmentier*, qui découvrit ensuite que la fécule de cette racine est très-délicate. Les provinces voulurent jouir des avantages de cette découverte ; en sorte que c'est aux efforts de *Parmentier* que l'on doit réellement l'introduction en France de ce tubercule qui est devenu très-utile, et une des plus grandes ressources contre la disette. Pour mettre la pomme de terre de plus en plus en faveur, *Parmentier* imagina de donner un dîner dont tous les apprêts, jusqu'aux liqueurs, consisteraient dans la pomme de terre déguisée sous vingt formes différentes, et où il avait réuni de nombreux convives. Leur appétit se soutint constamment, et les louanges qu'ils prodiguèrent à *Parmentier* tournèrent à l'avantage de cette plante merveilleuse, qu'on proposa d'appeler *Parmentière.*» *Extrait de Feller.*

Mais la Révolution arriva, et ce tubercule conserva son humble dénomination de *pomme de terre.*

Pour l'instruction de ceux qui viendront

après nous, il n'est pas hors de propos de
constater ici que la pomme de terre, qui est
d'une si grande utilité, est atteinte chaque
année, depuis 1845, du *bothritis*[1], maladie à laquelle on ne peut remédier. — Le
raisin des treilles, depuis quelques années
aussi, est attaqué de l'*oïdium*, autre sorte
de maladie qui le détruit sans qu'on puisse
en faire aucun usage ; et même dans certaines localités, les vignobles sont frap-

[1] Le *bothritis* et l'*oïdium* sont des champi-
gnons cryptogames et parasites, de l'ordre des
mucédinées.

La première apparition de la maladie de la
pomme de terre eut lieu en 1845, vers la fin du
mois de juillet, en Hollande et en Belgique. Pres-
qu'en même temps elle s'étendit à l'Allemagne et
à un département du nord ; au commencement
d'août, elle sévissait déjà dans les environs de
Paris. Bientôt elle se dirigea vers le centre et l'est
de la France, mais elle fit peu de progrès dans le
midi de l'Europe. Dès la mi-août, elle se déclara
dans l'île de Wight ; elle passa la Manche et se ré-
pandit sur toute l'Angleterre. Enfin elle attaqua
l'Irlande, et ses progrès furent si rapides, qu'avant
deux mois, elle avait détruit en entier l'aliment
principal du peuple de ce malheureux pays. *Ext.
d'un journal.*

pés de ce fléau. Quelle en est la cause ?

Felix qui potuit rerum cognoscere causas!...

La cause, mes amis, le Créateur de toutes choses la connaît ; mais les hommes n'y voient goutte. Le savant orgueilleux qui refuse de faire un acte d'humilité devant Dieu, est contraint de s'humilier devant une pomme de terre pourrie. C'est peu de chose cependant, et ce *peu de chose* brise l'orgueil de la science. O homme ! qu'estu ?....

Infirma mundi elegit Deus, ut confundat fortia. *I Cor.,* **1, 27.**

Dieu a choisi ce qu'il y a de plus faible pour confondre les forts.

§ 6.

Sainte Catherine.

Sancta Catharina, ora pro nobis.

Sainte Catherine, priez pour nous.

« Sainte Catherine glorifia Jésus-Christ en confessant généreusement la foi à Alexan-

drie, sous Maximilien II. Cette Sainte était
du sang royal ; elle avait de rares connais-
sances ; elle confondit une assemblée de
philosophes païens par son raisonnement.
Elle fut attachée sur une machine composée de plusieurs roues garnies de pointes
très-aiguës ; mais quand on voulut faire
agir les roues, les cordes se brisèrent mi-
raculeusement, en sorte que la Sainte fut
délivrée. On la condamna à avoir la tête
tranchée. » *Godescard.*

Autrefois la Sainte-Catherine était solennellement fêtée par les Demoiselles. On
chantait une grand'messe, on présentait un
pain bénit, et toutes les filles, *grandes* et
petites, dit M. Lepas, venaient à l'offrande.

C'était l'usage, après la messe, de porter
du pain bénit dans presque toutes les maisons. Mais comme cet usage excitait des ja-
lousies, et quelquefois même des inimitiés,
M. Lepas le fit cesser.

La statue de sainte Catherine était placée
sous le portail, et c'était la *bâtonnière* qui
était chargée d'en avoir soin.

§ 7.

Saint Éloi.

Sancte Eligi, ora pro dilectis nostris Cultoribus.

Saint Éloi, priez pour nos bien aimés Cultivateurs.

« Saint Eloi naquit à Chatelac, à deux lieues de Limoges, vers l'an 588. Il fut élevé dès son enfance dans la crainte de Dieu. Comme il marquait beaucoup d'adresse pour différents ouvrages, on le mit chez un orfèvre nommé Abbon. C'était le maître de la monnaie de Limoges. L'ardeur avec laquelle Eloi cultiva ses talents naturels, le fit bientôt exceller dans sa profession. Clotaire II, auquel on vanta son habileté, le chargea de faire un siége qui annonçàt une magnificence royale et qui fût orné d'or et de pierres précieuses. Eloi fit deux siéges au lieu d'un, de la matière qu'on lui avait fournie. Le roi fut aussi satisfait de la délicatesse du travail, que frappé de la probité de l'ouvrier. Il le fit maître de la monnaie, et l'on voit encore son nom sur plusieurs monnaies d'or qui furent frappées à Paris sous les règnes de Dagobert Ier et de Clovis II. Plus tard, il entra dans les ordres et fut ensuite évêque de Noyon. Il expira tranquillement dans son lit en récitant le cantique *Nunc dimittis*, le 1er décembre 659.» *Ext. de Godescard.*

La Saint-Eloi se fêtait très-solennellement le 1er décembre. Les laboureurs et les charretiers assistaient à la messe et offraient un pain bénit. On faisait aussi mention de saint Eloi le 25 juin. C'était l'usage dans toutes les paroisses, dit M. Lepas.

Cet usage venait probablement de ce que c'est le 24 juin que les domestiques terminent leur année, et qu'ils désiraient la commencer sous les auspices de saint Eloi, leur *Patron.* Ce pieux usage n'existe plus aujourd'hui. Comment les charretiers n'oublieraient-ils pas de célébrer cette fête, eux qui, si souvent, ne reconnaissent même plus le saint jour du dimanche, que tout chrétien doit sanctifier ?

Lequel des deux, du maître ou du domestique, est le plus coupable de cette continuelle et déplorable infraction à la loi de Dieu? On pourrait peut-être répondre : *l'un et l'autre,—autant l'un que l'autre;* qu'ils y prennent garde !

L'homme qui se croit aujourd'hui si clairvoyant dans ce qui peut favoriser ses intérêts, se conduit cependant comme un aveugle dans cette circonstance. En effet, vous, domestique, vous avez en horreur la servitude, vous soupirez sans cesse après la liberté; — vous, maître, vous êtes continuellement en défiance à l'égard de votre domestique, vous doutez de sa probité, vous désirez qu'il vous serve fidèlement. Eh bien! tous les deux vous agissez contrairement à vos désirs. Quiconque commet le péché est esclave du péché [1].

Maître, vous détruisez dans votre serviteur les principes chrétiens qui sont la base la plus solide et le plus ferme soutien de la morale; — serviteur, vous vous gagez sans

[1] *Omnis qui facit peccatum, servus est peccati.* *Joan.,* 8, 34.

aucune condition chrétienne, et par là vous vous enveloppez de plus en plus des chaînes de l'esclavage.

Oui, aveugle maître ! qui voulez être servi avec fidélité, je suis obligé de vous le dire : vous travaillez contre vous-même, quand vous ne donnez pas le temps à votre serviteur d'être fidèle à Dieu, quand vous l'occupez sans relâche tous les jours de l'année, fêtes et dimanches. Pas un instant de repos, pas un jour pour penser à son âme !... Ne voyez-vous pas que vous le traitez comme l'animal sans raison ? Vous lui faites oublier les lois de son Dieu ; dès lors, il ne songe plus à son âme, il n'a plus de conscience ; traité comme la brute, il suit aveuglément toutes ses passions et ses mauvais instincts ; il vous trompe quand il peut, il vous vole quand il en trouve l'occasion ; et ce sont là, hélas ! les conséquences très-logiques de votre manière d'agir envers lui !

Et vous, serviteur imprudent, qui soupirez tant après la liberté ! de grâce, en vous gageant au service d'un maître, songez donc que vous êtes homme, que vous êtes chrétien, que vous avez une âme à sauver, et qu'avant tout vous devez obéir aux lois de votre premier MAITRE qui est dans les cieux! Réservez, réservez pour vous tous les dimanches et les grandes fêtes de l'année, et vous aurez, *par an*, cinquante-six jours [1] pour reposer votre corps, cinquante-six jours de liberté, cinquante-six jours pour vous rassembler avec vos frères dans le temple du Seigneur et pour travailler au salut de votre âme

Maîtres et domestiques, comprenez, je vous prie, ces grandes vérités; mettez-les en pratique, et bientôt vos plaintes réciproques cesseront. Connaissez la vérité, et la vérité vous affranchira [2]. Les domestiques ne diront plus : *il n'y a plus de bons maîtres!* — et les maîtres : *il n'y a plus de bons domestiques !* Vous serez bons les uns et les autres, car vous vivrez en chrétiens. Alors le maître regardera son domestique comme son *enfant*, et le domestique regardera son maître comme son *père*.

---

[1] Cinquante-deux dimanches et les quatre fêtes qui sont d'obligation : Noël, l'Ascension, l'Assomption et la Toussaint.

[2] Cognoscatis veritatem, et veritas liberabit vos. *Joan.*, 8, 32.

§ 8.

Sainte Barbe.

Samcta Barbara, ora pro nobis.
Sainte Barbe, priez pour nous.

« C'est à Nicomédie qu'eut lieu le supplice de sainte Barbe, vierge et martyre,
qui, dans la persécution de Maximin Ier,
après avoir souffert une dure prison, la torture, la torture des lampes ardentes, après
avoir eu les mamelles coupées et subi
d'autres tourments, consomma son martyre
sous le tranchant du glaive, vers l'an 235.»
Godescard.

« La confrérie de Sainte-Barbe, dit
M. Lepas, est des plus anciennes et des
mieux autorisées, car elle a été approuvée
de la cour épiscopale, comme je l'ai trouvé
dans un registre déjà bien ancien. On l'a
approuvée, mais à condition qu'on n'y ferait
pas de banquet. Cependant, une certaine

année, probablement avec permission, une Damoiselle de Grisolles, qui demeurait aux *Grands-Prés*, traita amplement tous les Confrères et Consœurs de cette Confrérie. Ce banquet était présidé par Messire Laurent Bonichon, qui portait le titre de chapelain de Madame sainte Barbe.

» A la messe de ce jour, après l'offrande du pain bénit, on annonce que la reddition des comptes se fera entre la messe et les vêpres, à la maison de la bâtonnière. On fait la procession à la messe et aux vêpres et l'on chante le *Te Deum*.

» La bâtonnière doit avoir soin d'orner l'autel et la statue de sainte Barbe qui est sous le portail, de blanchir les linges et de porter le bâton aux processions des fêtes solennelles. »

§ 9.

Saint Nicolas.

Sancte Nicolae, ora pro dilectissimis parvulis.

Saint Nicolas, priez pour nos très-chers enfants.

« La grande vénération qu'on a pour saint Nicolas depuis tant de siècles chez les Grecs et chez les Latins, et cette multitude de temples bâtis sous son invocation, sont des preuves de son éminente sainteté, ainsi que de la gloire dont il jouit dans le ciel. Il fut emprisonné pour la foi, et confessa généreusement Jésus-Christ sur la fin de la persécution de Dioclétien. Il mourut à Myre, dont il était évêque, et fut enterré dans sa cathédrale, vers l'an 342. » *Godescard.*

Autrefois on chantait la messe le jour de Saint-Nicolas; on présentait un pain bénit qui devait être distribué à l'Eglise, et non être porté dans les maisons. On faisait l'offrande, où venaient tous les garçons, petits et grands, ayant à leur tête le maître d'école.

Maintenant on ne célèbre plus de Saint-Nicolas ; on a oublié qu'il est le patron des enfants. On l'a regardé comme tel, parce que, dès ses premières années, il fut un modèle d'innocence et de sainteté, et que d'ailleurs il avait un plaisir extrême à former l'enfance à la piété, fonction d'une très-grande importance.

Oui, mes amis, former les enfants à la piété est une affaire de la plus haute importance ; car la piété de vos enfants, songez-y bien, c'est le fondement, c'est la base de leur bonheur et du vôtre. Formez bien votre enfant, nous dit la Sainte Ecriture, et il fera le bonheur de votre vie [1]. C'est donc pour vous, pères et mères, un devoir sacré ; y pensez-vous ? Ah ! laissez-moi vous le dire, combien ce devoir est négligé aujourd'hui !... En général, les enfants, ces pauvres enfants ! s'élèvent tout seuls, selon leurs penchants ; ils agissent, vont et vien-

---

[1] Erudi filium tuum, et dabit delicias animæ tuæ. *Prov.* 29, 17.

nent au gré de leurs caprices ; heureux encore s'ils ne sont point portés au mal par les discours et les exemples des parents ! Attention, mes bons amis, car c'est un malheur bien grand, un malheur effrayant, désastreux ! Sur ce point, il n'y a pas à se faire illusion ; les faits sont là, et ils parlent plus haut que tous les raisonnements. Hélas! vous ne le savez que trop, pères et mères, dans vos enfants, plus de soumission, plus d'obéissance, plus de respect ; à mesure qu'ils grandissent et que leur raison se développe, au lieu de comprendre de plus en plus ces devoirs, au contraire, ils les oublient. — Pourquoi ? — Parce qu'ils vous ont vus vous-mêmes méconnaître et mépriser l'autorité incontestable et les commandements urgents de votre Père qui est dans le Ciel ; — parce que vous ne les avez pas formés à la piété par vos recommandations et par vos exemples. C'est à vous de leur apprendre à prier, — à vous de leur apprendre à sanctifier le dimanche, — à vous de les conduire à l'Église, de leur inspirer le respect et l'obéissance qu'ils doivent à Dieu, afin qu'ils vivent en chrétiens, qu'ils vous obéissent et vous respectent vous-mêmes. Songez-y bien, toutes les leçons d'un Instituteur dévoué, tous les conseils d'un zélé Pasteur, ne serviront de rien, ou seront presque inutiles à vos enfants, si vous n'en êtes vous-mêmes les premiers maîtres. Saint Jean Chrysostome disait aux pères et mères : *Vous êtes les apôtres de votre famille.*

Le cœur de vos enfants est comme une terre neuve qui ne demande que l'occasion de la semence pour exciter son abondante sève. Or, l'homme, disait saint Paul aux Galates, l'homme ne recueillera que ce qu'il aura semé[1]. Pères et mères, semez donc dans le cœur de vos enfants la semence du bien, de la piété, de la vertu : par vos exemples édifiants, faites fructifier les leçons que nous donnons à ces chers petits êtres, au front si pur et au cœur si candide, que Jésus-Christ nous propose pour modèles[2], et qu'il recommande à l'affection de tous[3]. — Oh ! n'avez-vous jamais

---

[1] Quæ seminaverit homo, hæc et metet. 6, 8.

[2] Talium enim est regnum Dei. *Marc,* 10, 14.

[3] Complexans eos, et imponens manus super illos. *Ibidem,* 10, 16.

vu le jeune enfant d'une mère chrétienne, joindre ses petites mains en bégayant les noms si doux de Jésus et de Marie? Ne dirait-on pas un petit ange du Ciel descendu sur la terre? — C'est à vous, bonnes et pieuses mères, c'est à vous qu'il appartient de nous donner un spectacle si attendrissant. Heureuses mères, priez avec vos enfants; votre voix mêlée à la voix de ces anges visibles qui vous entourent, monte jusqu'au trône de Dieu comme un encens pur et d'une agréable odeur.

Vous ne recueillerez que ce vous aurez semé; pensez-y. Si vous semez du blé, vous recueillerez du blé. De même si vous semez de mauvais principes, de mauvaises paroles, vous recueillerez des tourments et des peines; car tout cela, *mauvaise graine*, mes amis; tout cela c'est de la *graine de malheurs*.

ART. VIII.

USAGES PIEUX D'AUTREFOIS,

ET

CE QUI NOUS EN EST RESTÉ.

Ostendas populo cœremonias et ritum colendi... Exod., 18, 20.
Montre au peuple les cérémonies et le culte divin...

§ 1.

FÊTE DE LA PURIFICATION.

A cette fête on distribuait des cierges bénits à tous les officiers de l'Eglise et aux marguilliers, comme cela se pratique encore maintenant ; et un grand nombre de personnes en faisaient bénir pour leur compte. Dans presque toutes les maisons, il y avait un cierge bénit dont on se servait en différentes occasions. — On s'en servait le jeudi et le vendredi saints : on venait prier au tombeau de notre divin Sauveur, tenant son cierge allumé ;—on s'en servait pendant le jour de la fête du Très-Saint Sacrement, et à tous les saluts de l'Octave ; — on s'en servait à tous les saluts du dimanche ; — on s'en servait lorsqu'on portait le saint Viatique à quelque malade : on tintait la cloche, les fidèles accouraient à l'Eglise, et, leurs cierges allumés, accompagnaient le Très-Saint Sacrement en formant une procession jusqu'à la demeure de la personne qu'on allait administrer ;—enfin on s'en servait quand un malade était sur le point de mourir : on allumait le cierge de la maison et on le posait auprès de son lit, pendant qu'on récitait pour lui les prières des agonisants, ou bien la recommandation de l'âme.

Vous voyez, mes amis, combien était saint l'usage de ces cierges. Qu'il était consolant pour le chrétien qui allait quitter ce monde, de se voir entouré de ses parents et de ses amis qui priaient, afin que Dieu lui fît miséricorde ! — Aujourd'hui, il n'est plus question de semblables cérémonies. *Quand* un malade a le bonheur de recevoir son Dieu à son lit de mort, le Pasteur vient seul et comme à la dérobée, administrer au moribond les derniers Sacrements. Oh ! qu'il est triste pour son cœur de prêtre, de voir le peu de cas que l'on fait des derniers secours de la religion ! Arrivé dans la chambre du malade, il reste presque seul auprès de l'agonisant ; les parents, les amis s'éloignent, ils fuient le lit de leur père, de leur mère, de leur ami, sous prétexte que c'est trop pénible, trop déchirant, de rester là en présence de quelqu'un qui est aux prises et qui se débat avec la mort. Ah ! dans quelques minutes, quelques secondes peut-être, il sera plus effrayant encore pour celui que vous pleurez, de se trouver face à face avec son Dieu, son Juge !... Songez-y donc, mes bons amis, et priez au lieu de fuir ; point de fausse compassion en présence des terreurs de l'éternité ; approchez-vous, consolez par votre assistance, encouragez par vos prières, celui qui vous est cher, et qui va bientôt vous quitter ; aidez-le à bien mourir, et apprenez dès ce moment... à bien mourir vous-mêmes. — En vous éloignant de lui dans ce moment solennel, vous l'effrayez bien davantage : vous lui faites voir que vous le regardez déjà comme n'étant plus de ce monde !

§ 2.

COMMUNION DES MALADES A PAQUES.

« Le dimanche de la *Quasimodo*, dit M. Lepas, on porte la sainte Communion aux malades et aux infirmes qui ne peuvent venir à l'Eglise remplir leur devoir de chrétien. »

En ce temps-là, mes amis, le commandement qui oblige les fidèles à recevoir leur Dieu, *au moins à Pâques*, était observé par tous, même par les infirmes qui ne pouvaient venir à l'Eglise. Mais par la suite les chrétiens ont montré beaucoup de négligence pour l'accomplissement de ce devoir, dont on ne peut pourtant se dispenser sans *péché mortel.* Comment se fait-il donc qu'on s'en dispense si facilement aujourd'hui ? On pourrait, je crois, résumer en une seule, toutes les raisons de cette coupable négligence, *c'est l'indifférence pour le salut de l'âme :* mourir dans la grâce de Dieu ou mourir dans l'état du péché mortel, peu importe. O incompréhensible aveuglement! Quoi, mes amis! Quand vous serez cités à comparaître devant un juge de la terre, vous serez tout joyeux de ne pas vous sentir coupable, et si, au contraire, vous pressentez que vous allez être condamnés, vous serez saisis et tremblants, votre condamnation ne dût-elle être que d'une journée de prison ; — et quand il s'agira de la condamnation d'une peine éternelle, et quand il s'agira de paraître devant le souverain Juge de l'univers, la pensée que vous serez peut-être jugés coupables, ne vous causera aucun trémoussement, aucune émotion? Vous croyez cependant à une autre vie ; car ne pas y croire, ce serait abdiquer la *raison,* répudier le *sens commun*, s'opposer à la croyance de tous les siècles et de tous les peuples de la terre ; le sauvage même croit à une autre vie, il n'y a que les bêtes qui n'y croient pas. — Or, puisque vous croyez à une autre vie, pour peu que vous ayez de *bon sens,* vous admettrez avec moi que celui qui meurt dans le *péché* et celui qui meurt dans la *grâce*, ne recevront pas de Dieu le même accueil ; l'un sera *béni*, l'autre sera *maudit*, parce que Dieu est juste. — Et, mes amis, n'allez pas compter sur la miséricorde de Dieu après votre mort ; tant que vous vivrez, à la bonne heure, comptez-y ; elle siége dans tous les tribunaux de la pénitence, attendant le pécheur pour lui pardonner ; mais au redoutable tribunal où Dieu juge les âmes qu'il rappelle à lui, point de miséricorde, il n'y a qu'une sévère justice. — C'est ici-bas seulement que s'exerce la miséricorde ; elle nous appelle sans cesse au repentir ; elle nous poursuit et nous presse jusqu'à notre dernier soupir[1] ; alors elle nous abandonne à notre destinée, elle nous quitte, et nous laisse aller seul comparaître devant l'in-flexible et inexorable justice de Dieu !

Pensez-y donc, mes amis, et comprenez bien que, ne pas vouloir se *confesser* ni *communier*, c'est un mépris outrageant pour la divine miséricorde. Dieu, après nous avoir rachetés au prix de son sang,

---

[1] Laboravi rogans. *Jerem.*, 15, 6.

institue des Sacrements pour nous relever, parce qu'il sait que nous tomberons; et pour nous fortifier, parce qu'il sait que nous sommes faibles. « Recevez, dit-il à ses » Apôtres, recevez mon esprit, allez, *les* » *péchés seront remis à ceux à qui vous les* » *remettrez.* » Voilà donc l'Eglise de Jésus-Christ, qui a le pouvoir de remettre les péchés. Eh bien! sur des paroles aussi claires, pourquoi donc, mes amis, ne pas se confesser? Est-ce que, comme autrefois les Pharisiens, vous seriez scandalisés de ce que Jésus-Christ pût remettre les péchés, ou de ce qu'il donnât ce pouvoir à des hommes comme vous? Bienheureux, mes amis, bienheureux que les hommes aient ce pouvoir; car si c'étaient les anges du Ciel, qui de nous oserait aller s'accuser devant ces pures intelligences, puisque déjà vous craignez de vous confesser à un homme? — Mais l'esprit humain est parfois si bizarre, que c'est peut-être précisément parce que c'est un homme qui remet vos péchés, que vous refusez de vous confesser?

---

[1] Accipite Spiritum Sanctum : quorum remiseritis peccata, remittuntur eis;... *Joan.*, 20, 23.

Ce serait là une erreur, de laquelle il faudrait vite sortir. C'est un homme comme vous, oui ; mais il a un pouvoir que vous n'avez pas. Ce pouvoir, il le tient de son Evêque ; son Evêque le tient du Pape ; le Pape le tient de Jésus-Christ, de Dieu ; par conséquent, c'est en vertu du pouvoir de Dieu que votre Pasteur remet les péchés. Suivez bien cette comparaison, elle vous rendra cette vérité plus claire encore, elle vous la fera toucher du doigt.

Un juge des tribunaux civils, un garde-champêtre, sont aussi des hommes comme vous, n'est-ce pas ? Mais ils ont un pouvoir que vous n'avez point. Ce pouvoir leur vient du chef de l'Etat. — Du haut de son trône, le *Souverain* investit de son pouvoir ses plus hauts fonctionnaires, — ceux-ci en investissent ceux qui sont hiérarchiquement au-dessous d'eux, — et ainsi jusqu'aux plus bas représentants de l'autorité. C'est pourquoi, mes amis, tout homme savant que vous fussiez, vous ne pourriez, comme un juge et un garde champêtre, faire ni un procès-verbal ni condamner un homme à la peine de mort ; — de même tout homme important que vous fussiez, vous ne pourriez non plus remettre les péchés comme votre Pasteur. La miséricorde vous appelle au pardon, allez donc et vous serez sauvés !

Dans un excès d'amour pour nous, Jésus-Christ nous dit : *Celui qui mange ma chair et boit mon sang aura la vie éternelle* [1]. Ici, mes amis, c'est Dieu lui-même qui nous invite à nourrir notre âme et à la fortifier de sa chair et de son sang ; et pour vaincre notre tiédeur et notre indifférence à cet égard, il nous promet la vie éternelle : belle et magnifique promesse, promesse au-dessus de tout ce que nous pouvons concevoir ; puisque l'œil n'a rien vu, l'oreille rien entendu, le cœur de l'homme n'a jamais compris ce que Dieu a préparé à ceux qui l'aiment [2]. Tout indignes et pécheurs que nous fussions, nous pouvons, après nous être purifiés par le sacrement de pénitence, aller avec confiance recevoir la sainte communion, nous asseoir au banquet

[1] Qui manducat meam carnem et bibit meum sanguinem, habet vitam æternam. *Joan.*, 6, 55.

[2] Quod oculus non vidit, nec auris audivit nec in cor hominis ascendit, quæ præparaverit Deus iis qui diligunt illum. *Cor.*, 4, 9.

sacré, manger le pain des Anges, le pain qui donne la vie éternelle.

> O res mirabilis, manducat Dominum Pauper, servus et humilis.

> O prodige inouï! le Maître du monde devient la nourriture du pauvre, de l'esclave, du néant.

Oh! de grâce pour le salut de vos âmes, mes bons amis, profitez donc de ces Sacrements qui furent institués pour vous!

§ 3.

Les Rogations.

« Le premier jour des Rogations, dit M. Lepas, on allait à Garancières, le second à la Queue, et le troisième à Auteuil. On partait le matin une demi-heure avant le lever du soleil. Presque tout le monde y assistait, et ceux qui ne le pouvaient point, venaient à l'Eglise de Boissy entendre la messe de la procession étrangère qui y était. »

« On attribue l'institution des Rogations

à saint Mamert, évêque de Vienne en Dauphiné, qui, en 474, exhorta les fidèles de son diocèse à faire des prières, des processions, des œuvres de pénitence pendant trois jours, afin de fléchir la justice divine et d'obtenir la cessation de divers fléaux dont ce peuple était affligé. L'heureux succès de ces prières les fit continuer dans la suite, et bientôt cette pieuse coutume s'introduisit dans les autres Eglises des Gaules. L'an 511, le concile ordonna que les Rogations seraient observées dans toute la France. Charlemagne, dans le VIII° siècle, et Charles le Chauve, dans le IX°, défendirent au peuple de travailler ces jours-là, et leurs lois ont été observées pendant longtemps dans l'Eglise de France. » *Bergier.*

Aujourd'hui, hélas ! toutes ces lois si chrétiennes ne sont plus observées ; c'est même le petit nombre des Fidèles qui se dérobent encore *une heure* à leurs travaux our assister, ces jours-là, à la messe et à la procession. Il est triste, mes amis, il est déplorable de voir ainsi tomber une à une les pieuses pratiques d'autrefois, qui étaient comme autant de fleurs parsemées sur le chemin de la vie, d'ailleurs si âpre et si difficile. Quand on les rencontrait, ces jours de fête qui embaumaient l'existence, c'était du moins des jours de bonheur ; on relevait la tête, et la pensée montait vers Dieu. Maintenant rien, rien de tout cela ; plus ou presque plus de ces douces jouissances de l'âme ; la vie, rien que la vie seule et toute matérielle ; la vie avec ses misères et ses angoisses, excepté ces éclairs d'un bonheur qui n'en mérite pas le nom, ces rares instants d'une joie vaine et toute extérieure qu'on saisit au passage, et qui laissent toujours le cœur vide, comme le songe qui s'évanouit.

O vous qui avez assisté quelquefois à ces processions par une de ces belles matinées du printemps, dites, ne sentiez-vous point la joie jaillir au fond de votre âme, comme une source de bonheur ? — Et vous qui n'aviez pas voulu quitter vos travaux, tandis que vous étiez à genoux devant la croix et les images des Saints qui brillaient dans les airs, non loin de votre vigne ou de votre champ, dites, ne conceviez-vous pas, en ce moment, le pieux désir de venir mêler votre

voix aux ardentes invocations qui appelaient
sur vous et sur votre terre les bénédictions
du Ciel? Oh! oui, j'en suis sûr; eh bien,
mes amis, quand arriveront les Rogations,
souvenez-vous-en, venez tous grossir ces
processions et multiplier des prières qui seront entendues de Celui qui seul peut faire
fructifier vos travaux.

Chaque année j'ai à vous féliciter de l'empressement que vous mettez à assister à la
procession de la Fête-Dieu; pourquoi donc
n'aurais-je pas à vous adresser les mêmes
félicitations au sujet des Rogations? C'est
parce que vous pensez peut-être qu'on n'y
voit pas de reposoirs. Mais détrompez-vous;
ouvrez les yeux et voyez : voyez vos champs,
vos vignes, vos arbres; ne sont-ce pas là des
reposoirs, de beaux reposoirs faits, non par
la main de l'homme, mais par Dieu lui-
même? Considérez : son nom n'est-il pas
écrit sur cette grappe qui sort du bour-
geon à votre insu? — Son nom n'est-il pas
marqué sur cet épi de blé sorti de la pour-
riture du grain que vous avez jeté en terre?
Et tous ces arbres couverts de fleurs, n'est-ce
pas un reflet de sa toute-puissance? Son
nom n'est-il pas gravé dans le fond du ca-

lice de chacune de ces admirables fleurs? Or, ces reposoirs, n'est-ce pas, mes amis, ces réposoirs valent bien ceux que vous faites vous-mêmes. Eh bien, venez aux processions des Rogations, et vous serez heureux de prier dans la contemplation de toutes ces merveilles, qui nous invitent à bénir la divine Providence.

§ 4.

Procession à la ferme des Petits-Prés.

Depuis le jour de Pâques jusqu'à l'Ascension, tous les dimanches après *Magnificat*, on fait une station devant le grand Christ, en chantant le répons, *Christus resurgens...*

« Autrefois, dit M. Lepas, cette station était remplacée par une procession que l'on faisait après le *Magnificat*. On allait à la ferme des Petits-Prés, et l'on entrait dans

---

[1] Probablement devant le Christ, qui est encore aujourd'hui au-dessus de l'entrée du chœur.

une chapelle dédiée à sainte Marguerite ; on y chantait *complies*, et l'on revenait processionnellement en chantant les litanies des Saints. Cela se pratiquait bien avant moi. Cette chapelle existe encore ; mais elle a été interdite, et sert aujourd'hui de cellier au fermier.»

C'est en 1762 que M. Lepas écrivit cette note. Comme il dit que cet usage avait cessé bien avant sa venue dans cette Paroisse, qui date de 1721, nous pouvons en conclure qu'il y a environ deux siècles que cette procession n'a plus lieu. Cette chapelle existe encore, et toujours comme cellier du fermier.

§ 5.

Jours d'Adoration.

Le Jeudi et le Vendredi saints, le jour de la Fête-Dieu et le Dimanche dans l'octave, le Saint-Sacrement était exposé depuis le matin jusqu'au soir, et durant toute la journée, il y avait à l'Eglise un certain nombre d'adorateurs, parmi lesquels il s'en trouvait toujours quelques-uns qui priaient, tenant allumé leur cierge, bénit le jour de la Purification. Un tableau où étaient inscrits tous les adorateurs , *hommes* et *femmes*, était attaché à l'un des pilastres de la porte du chœur. Sur ce tableau chaque paroissien trouvait son nom , et l'heure pendant laquelle il devait se rendre à l'Église pour y adorer le Très-Saint-Sacrement.

Ce tableau nous rappelle d'une manière bien touchante la piété de vos ancêtres, surtout sachant que c'était l'expression de leur désir, comme le fait remarquer M. Lepas : « Il y a déjà bien des années , dit-il , que mes paroissiens et moi ont été inspirés de Dieu pour adorer le Très-Saint-Sacrement dans notre Église d'une manière convenable, et qui s'observe encore aujourd'hui, 1764.»

§ 6.

Pèlerinage de Saint - Jacques, à Bardelle.

Le 1ᵉʳ mai on célébrait la fête de saint Jacques et de saint Philippe. C'était une fête de dévotion. « Ce jour-là, dit M. Lepas, entre la Messe et les Vêpres, presque tous mes paroissiens allaient prier le bon saint Jacques de Bardelle, et revenaient entendre les Vêpres à Boissy. C'est ainsi que ce pèlerinage s'est pratiqué pendant les vingt premières années de mon temps, c'est-à-dire jusqu'en 1742. Ensuite on eut la pensée d'y conduire les enfants, et les marchands de gâteaux s'y trouvèrent. On y pria comme d'habitude, mais on mangea des petits gâteaux, et bon nombre ne revinrent pas pour assister aux Vêpres. De cette époque date l'*Assemblée* de Saint-Jacques, à Bardelle.»

« Saint Jacques était fils d'Alphée et de Marie, sœur de la sainte Vierge. Lorsque les Apôtres se dispersèrent pour aller prêcher

l'Évangile, ils l'établirent évêque de Jérusalem. C'est dans cette ville qu'il fut livré au
peuple pour être lapidé. On le porta d'a-
bord sur la plate-forme du temple, et on le
précipita en bas. Comme il survécut à cette
chute, il eut encore la force de se mettre
sur ses deux genoux, et dans cette posture,
levant les yeux au Ciel, il pria pour ses bourreaux. La populace fit pleuvoir sur lui une
grêle de pierres, jusqu'à ce qu'enfin un fou-
lon l'acheva en lui déchargeant sur la tête
un coup de levier dont il se servait pour
fouler les draps. Ceci arriva le jour de
Pâques, qui était le 10 avril de l'an 61.»
Extrait de Godescard.

Voilà donc dix-huit cents ans que saint
Jacques souffrit le martyre, et à Jérusalem !
Comment se fait-il qu'après dix-huit siècles
nous honorions encore aujourd'hui un per-
sonnage inconnu, et qui fut lapidé dans une
ville si éloignée de nous ? — Ah ! mes amis,
c'est que les bontés du Seigneur pour ses
élus ne se bornent pas au temps de leur vie ;
il conserve avec soin, il traite avec honneur, il fait respecter avec religion après
leur mort, jusqu'à leurs ossements et à leurs

cendres : rien n'en sera brisé, rien n'en sera perdu ; et par un miracle constant que la seule Toute-Puissance peut faire, que la seule vertu peut mériter, on verra le monde entier honorer un peu de poussière. — Ce qu'il y a encore ici de bien extraordinaire, de bien frappant, c'est que, il y a trois mille ans, David chantait sur sa lyre prophétique cette même vérité ; en parlant des justes, il s'écriait : *Custodit Dominus omnia ossa eorum : unum ex his non conteretur,* le Seigneur gardera tous leurs os ; il n'y en aura pas un seul de brisé.

O vous qui ambitionnez la gloire et l'immortalité, qui bravez tous les genres de périls, la mort même, pour voir un jour briller sur votre poitrine une croix d'honneur que vous emporterez dans votre cercueil, gloire, gloire aussi à votre courage, à votre bravoure ! Mais si vous désirez une immortalité réelle, suivez la voie des Saints, et tous les siècles ne pourront effacer votre mémoire.

La chapelle de Saint-Jacques n'appartient point au hameau de Bardelle : les Messieurs

Le Pippre de Montfort-Lamaury et Monsieur de Chateaubrun, leur neveu, en sont propriétaires. Pendant les troubles révolutionnaires du siècle dernier, cette chapelle, comme tous les monuments religieux, ne put être préservée des violences de l'impiété, et tomba dans le délabrement. On cessa d'y célébrer les saints mystères, et pendant plusieurs années elle servit de grange au fermier. Dans la suite elle fut restituée au culte divin ; de temps en temps on y célébra la sainte Messe, et l'on finit, à cause du mauvais état où elle était, à n'y faire les saints offices qu'une seule fois par an, le premier dimanche de mai. Ce jour-là on y chantait la messe et les vêpres de Saint-Jacques. L'assistance est toujours très-nombreuse à cause des enfants qu'on y amène, et pour chacun desquels on fait réciter un Evangile. Le silence n'est pas le beau côté de la cérémonie, car chacun de ces enfants a son chant, son langage particulier et plus ou moins discordant avec la voix de son voisin. Comme les cris et les gazouillements des petits oiseaux sont des hymnes à la louange du Créateur, de même ces chers petits enfants que Jésus-Christ aime par-dessus tout, glorifient Dieu à leur manière ; et, d'ailleurs, il nous dit par la voix de son prophète qu'il tire la louange de la bouche des nouveau-nés et des enfants encore à la mamelle[1]. — Mais il est édifiant de voir les mères venir à l'autel s'agenouiller pieusement avec leurs enfants dans leurs bras, et les mettre avec confiance sous la protection de saint Jacques.

En 1857, cette chapelle était sur le point de tomber tout à fait en ruine. La piété de ses propriétaires s'en alarma, et, à la grande satisfaction des habitants du hameau, ils prirent généreusement le parti de restaurer ce monument de la foi de leur Bienfaiteur. Par la surveillance active de M. Alfred Le Pippre, qui fut l'ordonnateur des travaux, on vit, en très-peu de temps, la chapelle restaurée. Sa largeur est la même qu'autrefois, mais quatre mètres environ furent retranchés de son ancienne longueur. On transporta l'autel contre le mur du côté du *levant;* le pignon sur la route où se trouve

[1] Ex ore infantium et lactentium perfecisti laudem... *Ps.* 8, 3.

l'entrée fut reconstruit à neuf, percé d'un œil-de-bœuf et des deux fenêtres qui l'accompagnent, et enjolivé de la niche qui montre aux *Passants* la statue de saint Jacques, dont la vue seule prêchera toujours la foi chrétienne qu'il signa de son sang, il y a dix-huit siècles ! Les tableaux de saint Jean Baptiste, de saint Hubert, la statue de la sainte Vierge et les belles sculptures de l'autel ont été fraîchement repeints. Le carrelage, la voûte, les murs, tout a pris un nouvel aspect sous la main de l'ouvrier. On a recommencé d'y célébrer la sainte Messe le dimanche 22 novembre de cette même année. Ce fut M. l'abbé Passart, curé de Montfort, qui fit cette inauguration.

Cette chapelle se trouvait assise sur un monticule formant amphithéâtre du côté du *midi*. M. Le Pippre désirant niveler l'emplacement, fit élever un mur sur le côté bas pour soutenir les terres qu'on a rapportées du côté opposé, et aujourd'hui la chapelle se trouve au milieu d'une place nivelée et bordée, sur la route, de quelques tilleuls qui peuvent déjà remonter à 50 ans.

Plus on fait pour la gloire de Dieu et pour

le salut de ses frères, et plus on veut faire. Aussi le sentiment religieux de M. Le Pippre ne fut point satisfait de tous ces travaux de restauration. Son vif désir de ranimer la foi, lui fit naître la pensée qu'il manquait à cette chapelle quelque chose de la plus haute importance : c'étaient des reliques de saint Jacques, auquel elle est dédiée. Sans perdre un instant, il écrivit à Rome, la ville sainte, qui recèle dans ses catacombes les restes précieux d'une multitude de martyrs qui moururent pour la foi, et bientôt des reliques du glorieux *Patron* du hameau de Bardelle, furent expédiées au pieux solliciteur. Nous les avons inaugurées le 2 du mois de mai 1858.

Au commencement du christianisme, les chrétiens faisaient toucher des linges aux corps vivants des Apôtres ; et par la suite nous voyons encore les chrétiens tremper des linges dans le sang des martyrs, et, au rapport de saint Ambroise, ces mêmes linges opéraient des guérisons. De là est venue cette dévotion qui se pratique encore, de faire toucher aux reliques des Saints, des vêtements, des croix, des chapelets, et autres objets pour s'en servir ensuite.—Sans doute, mes amis, si vous eussiez assisté au martyre de saint Jacques, vous vous seriez empressés de recueillir quelques gouttes de son sang, et d'avoir quelque chose qui lui eût appartenu, et pendant toute votre vie vous eussiez conservé ces reliques avec foi et vénération. Eh bien, mes amis, sans avoir vécu dans ces temps-là, et sans aller bien loin, vous pouvez aujourd'hui vénérer les reliques de saint Jacques, y faire toucher des objets que vous désirerez, et soyez persuadés que, par l'intercession de ce saint Apôtre, Dieu vous accordera des grâces et des bienfaits selon que votre foi sera grande.—Voyez cette femme de l'Évangile, qui était malade depuis si longtemps ; elle toucha seulement les franges de la robe de Jésus, et elle fut guérie! — Ranimons de plus en plus notre foi, mes amis; prions saint Jacques d'intercéder pour nous auprès de Dieu, et nous recevrons des grâces précieuses.

§ 7.

Feu de Saint-Jean.

« La veille de saint Jean, dit **M.** Lepas, on prépare un feu qu'on allume avec cérémonie en marque de la réjouissance du précurseur de Jésus-Christ. En tout temps et en tout lieu on a fait de folles réjouissances ; j'ai travaillé dans ce pays à les détruire ou à les modérer. Les avis que j'ai donnés à ce sujet parviendront à les détruire. Il vaudrait mieux n'en pas faire du tout, que d'oublier d'une manière quelconque, à cette occasion, le respect dû à un si grand Saint. Ce feu doit être médiocre et fait avec des choses qui brûlent bien. Il est bon de se précautionner d'eau dans quelques tonneaux, et de seaux dont on puisse se servir au besoin. On se sert communément de quelques branches ou feuillages du grand arbre d'auprès de l'Eglise. On chante le

Te Deum en revenant de cette procession.»

Nous faisons encore le feu de Saint-Jean, non pas avec des feuillages du grand arbre qui ombrageait l'Eglise autrefois, car il n'existe plus ; on ne sait pas même la place qu'il occupait. Mais on alimente ce feu avec le bois donné par les habitants, qui montrent une grande dévotion pour cette cérémonie. Presque tous les paroissiens y assistent avec un religieux recueillement, ce qui est pour moi un sujet de contentement et un motif de leur adresser, en plein air, quelques paroles d'édification. Ordinairement on le faisait sur le cimetière auprès du mur du jardin du Presbytère ; mais cette année 1858, encore sous les tristes impressions d'un incendie qui venait de désoler la Paroisse, nous jugeâmes à propos de faire ce feu hors du village, du côté de Bardelle.

Cet incendie, dont la *cause* reste ignorée, éclata le jeudi 3 juin, jour de la Fête-Dieu, sur les neuf heures et quart du matin. Je venais de monter à l'autel, je lisais le saint Evangile, lorsque tout à coup j'entends pousser des cris d'alarme. Comme le théâtre de ce sinistre n'était séparé de l'Eglise que par une rue large de trois mètres, la grande fenêtre qui donne sur l'autel m'apparut bientôt tout en feu. Je continue le Saint-Sacrifice au bruit confus des habitants qui crient, des flammes qui pétillent, des toits ravagés qui s'affaissent. Arrivent promptement les pompes d'Autouillet, de Garancières et de Beynes qui, avec de l'eau de la Grande-Mare, font vivement la part du feu, qui avait déjà dévoré quatre maisons, dont les propriétaires étaient Henri Fanu, Jean Lecocq, Guinguand et Rémand. Cette perte fut regrettable, sans doute ; mais ce qu'il y eut surtout de déplorable, ce fut la mort de deux hommes qui se trouvèrent cernés par le feu. L'un voulut se sauver passant à travers les flammes, mais il fut tellement brûlé, qu'il mourut trois semaines après à l'hospice de Montfort ; c'était un compagnon charpentier. L'autre, Alexandre Conard, crut sans doute qu'il était plus prudent de rester dans cette chambre autour de laquelle était une *muraille* de feu ; les flammes l'épargnèrent, mais la fumée le suffoqua. Ignorant qu'il fût là, ce n'est qu'après une heure qu'il en fut retiré, respi-

rant encore, mais les yeux éteints et sans
connaissance ; on lui ouvrit la veine... il
était mort !

§ 8.

Confrérie de Charité.

Il existait autrefois dans cette Paroisse
une Confrérie de charité qui ne se composait que de femmes. Son but unique était
de soigner les malades. La Supérieure était
nommée pour trois ans, à la pluralité des
voix des Sœurs de la Confrérie. Au commencement de chaque mois, M. le Curé
annonçait au prône, que *telle Sœur* soigne-
rait les malades pendant ce mois. La Supérieure devait prendre soin du mobilier de
la Confrérie, qui consistait en un lit, mate-
las, draps, couvertures et ustensiles servant
aux malades. Les Sœurs quêtaient tous les
dimanches, chacune pendant un mois et à
tour de rôle, au profit de ladite Confrérie,
et les comptes étaient rendus tous les ans,
le lundi de la Pentecôte. M. le Curé était
trésorier perpétuel.

Cette Confrérie, mes amis, nous rappelle quels soins on prenait autrefois des malades, et nous montre à quel point l'union fraternelle, la charité chrétienne, régnaient parmi vos ancêtres. Quel admirable dévouement ! Aujourd'hui, rien de semblable, ou du moins l'on ne suit plus guère ces beaux exemples dont le souvenir nous édifie. Loin de porter à ses voisins des secours empressés, ce n'est même pas sans une sorte de répugnance, bien souvent, qu'on soigne son vieux père, ou sa vieille mère. Et pourquoi? C'est que, en général, tous les beaux sentiments qui honorent l'humanité disparaissent avec le sentiment religieux, et il ne reste plus dans le cœur qu'un froid égoïsme. Alors on ne regarde plus ses vieux parents, comme les instruments de la Providence, dont Dieu s'est servi pour nous donner le jour, et pour nous prodiguer les soins multipliés que réclame la faiblesse de notre enfance ; ils ne paraissent à nos yeux que comme des êtres inutiles sur la terre, et dont on ne peut être trop tôt débarrassé.

Oh ! si une pareille ingratitude était dans

votre cœur, mes amis, rappelez-vous que votre père arrosa la terre de ses sueurs, qu'il souffrit le chaud et le froid pour vous gagner du pain, pour vous procurer des vêtements, pour vous élever ; — rappelez-vous les douleurs que vous causâtes à votre mère dès votre entrée dans la vie ; combien de fois elle vous berça sur ses genoux, vous nourrissant de son lait, vous réchauffant contre son sein ; combien de fois elle essuya vos larmes par ses tendres baisers et ses douces caresses. Tous ces souvenirs réveilleront au fond de votre âme la piété filiale, et vous entourerez vos vieux parents de soins affectueux, vous consolerez les jours de leur caducité, comme ils adoucirent eux-mêmes les jours de votre enfance : vous leur rendrez ce qu'ils vous ont prêté. Ne pas le faire serait une injustice flagrante, une ingratitude noire ; ce serait manquer à Dieu et à vos devoirs les plus sacrés. L'enfant ingrat sera maudit[1], nous dit la Sainte Ecriture ; oui, il est indigne de vivre,

[1] Maledictus qui non honorat Patrem suum et Matrem suam..... *Deuter*, 27, 16.

§ 9.

Jubilé.

M. Lepas nous a laissé le souvenir de la clôture du Jubilé de l'année sainte 1750. Voici ce qu'il en dit :

« Pour la clôture du Jubilé, le dimanche 24 avril, au soir, avant le salut, on a fait une procession générale et solennelle dont voici la marche : Tous les enfants, deux à deux, un cierge à la main, y ont assisté, savoir : derrière la bannière, les filles rangées selon leur âge, dont les plus petites étaient plus proches de la bannière ; plusieurs se tenaient par la main, deux à deux, à cause de la faiblesse de leur âge. Ensuite, le grand cierge bénit [1], suivi des garçons grands et petits, deux à deux, les plus petits les plus proches du cierge. La croix ensuite portée par une personne revêtue d'un

---

[1] Cierge pascal.

surplis et d'une chape, puis le clergé, et enfin le peuple.

» On est sorti de l'Église ainsi arrangé par la Petite-Rue [1], pour aller à la croix du chemin de Mantes [2], en chantant le *Veni Creator*. Etant arrivé à cette croix, on a chanté *Vexilla Regis*, à genoux, chacun à sa place, la figure tournée vers ladite croix.

» Ensuite on est parti de là pour revenir à l'Église par la Grand'Rue, et quatre des plus grandes filles, sachant lire et le mieux chanter, choisies et exercées auparavant, ont commencé à chanter le Jubilum *O Filii et Filiæ*, le chœur et le peuple répondant seulement aux trois *Alleluia*.

» On est entré dans le cimetière, en même ordre, dont on a fait le tour, et le Clergé étant arrivé à la croix, s'est mis à genoux, ce qui a été observé par toute la procession, et chacun à sa place ; on a chanté *O Crux ave...* On s'est relevé et on a commencé

[1] La rue de Maubusy, qui passe derrière l'Eglise.

[2] La croix du chemin de Mantes est celle qui se trouve encore aujourd'hui sur la petite place, devant la maison commune.

Domine non secundùm fort doucement, ce qui nous a conduits à l'Église, et les filles se sont placées dans la nef des deux côtés, jusqu'à la grille de fer et selon leur rang, et les garçons dans le chœur, des deux côtés et tenant leurs cierges allumés.

» Pour finir la cérémonie de cette solennelle procession, le peuple à genoux, on a tiré le Saint-Sacrement du Tabernacle, et chanté *O Salutaris*. On a commencé dans le chœur le cantique *Par un amour inconcevable*, qui a été répété dans la nef par les filles.

» Ensuite *Inviolata* ; à la fin on a chanté très-solennellement le *Te Deum*, en action de grâces du Jubilé, et l'on a donné la bénédiction du Saint-Sacrement, comme à l'ordinaire. »

Voilà, mes amis, comment vos bons aïeux savaient comprendre le Jubilé. Pour eux, comme autrefois pour les Juifs, c'était une année de grâces et de bonheur. Aussi voyez cette longue procession formée de tous les habitants de la Paroisse ; comme ils ont le cœur content, comme leur front rayonne de joie ! Oh ! il me semble les entendre chanter encore au Seigneur ces hymnes et ces cantiques d'allégresse et de reconnaissance ! — Pourquoi, mes amis, n'en est-il plus ainsi de nos jours? Permettez que je vous le dise : c'est parce qu'on ne sait plus ce que c'est qu'un Jubilé. Pourtant le Pasteur l'annonce, en donne des explications, s'efforce de le faire comprendre ; mais, hélas! ce n'est que le petit nombre qui l'écoutent ! Lisez donc *Tous* ces quelques lignes et vous comprendrez ce que c'est qu'un Jubilé.

Selon quelques auteurs, dit Bergier, Jubilé vient d'un mot hébreu qui veut dire *rémission*. En effet, chez les Juifs comme chez les Catholiques, le Jubilé est une *rémission*.— Dans l'année jubilaire, chez les Juifs, on remettait les esclaves en liberté, on remettait les héritages vendus à leurs anciens maîtres; chez nous, il en est de même au spirituel : — l'année du Jubilé, on remet en liberté ceux qui sont dans l'esclavage du péché; on les remet dans leur droit à l'héritage du Ciel, qu'ils avaient vendu par leur désobéissance à la loi de Dieu.—Comme on le voit, le Jubilé, pour nous, est une indulgence plénière accordée par le souverain Pontife à tous les Chrétiens catholiques de l'univers.

Il faut savoir ensuite que l'indulgence plénière est une grâce qui efface toute la peine temporelle due aux péchés, qu'on devrait souffrir au purgatoire avant d'entrer au Ciel. Car bien que les péchés eussent été confessés et qu'on en eût été absous, si l'on venait à mourir de suite, il faudrait néanmoins, avant d'entrer au Ciel, expier au purgatoire les peines temporelles dues à ces péchés ; — tandis que si, avant de mourir, on eût gagné l'indulgence du Jubilé, on aurait eu droit d'entrer au Ciel sans passer par les flammes du purgatoire.

Il est bon de savoir aussi que les peines temporelles dues au péché nous ferment l'entrée du Ciel, tant qu'elles n'ont pas été effacées par des indulgences, ou qu'elles n'ont pas été expiées sur la terre par la pénitence, ou dans le purgatoire.—C'est pourquoi nous vous encourageons à supporter les peines, les souffrances et toutes les misères de cette vie avec résignation, pour expier les peines temporelles dues à vos pé-

chés ; c'est pourquoi aussi nous faisons prier
et nous prions pour les morts : c'est pour
leur venir en aide dans l'expiation des
peines qu'ils ont à souffrir dans le purgatoire, avant d'être admis au séjour des bien-
heureux.

Si vous me demandez maintenant ce qu'il
y a à faire pour gagner cette précieuse indulgence du Jubilé, je vous répondrai qu'il
faut :

1° Se confesser et recevoir l'absolution de
ses péchés ;

2° Communier avec un cœur bien disposé ;

3° Faire les prières et tout ce qui est pres-
crit par le souverain Pontife, et qui vous est
ensuite notifié par votre Pasteur.

Comprenant ainsi le Jubilé, si nous ne
profitons pas de cette grâce lorsqu'elle nous
est offerte, c'est parce que nous ne croyons
guère ni à l'enfer, ni au purgatoire, ni au
paradis. Cependant, pour croire sans peine
à ces trois choses qui doivent plus exciter
notre attention que tout ce qu'il y a sur la
terre, il suffit seulement d'avoir un peu de

bon sens; car ce n'est pas seulement la foi qui nous l'apprend d'une manière indubitable, mais la raison seule nous dispose à le croire.

En effet, la raison ne nous dit-elle pas que Dieu existe? Or Dieu ne peut exister sans être juste, — et il ne peut être juste, — sans qu'il y ait après cette vie des peines pour châtier le pécheur qui n'a pas voulu se convertir, — sans qu'il y ait un purgatoire où doit souffrir, pendant un temps plus ou moins long, celui qui n'est pas assez coupable pour mériter les châtiments des grands pécheurs, ni assez pur pour être traité comme un saint, — sans qu'il y ait un paradis pour récompenser les bons.

Voyez même la justice des hommes qui n'est, pour ainsi parler, qu'une copie bien imparfaite de la justice de Dieu, n'a-t-elle pas aussi, en quelque sorte, son enfer, son purgatoire et son paradis? — Oui, elle a son enfer pour punir à perpétuité les grands criminels; — oui, elle a son purgatoire, c'est-à-dire ces prisons qui tiennent renfermés pendant un certain temps les moins coupables; — oui, elle a son paradis, grande

et perpétuelle récompense qu'elle accorde
à ceux qu'elle en juge dignes.

Maintenant, mes amis, appelez à votre
secours le bon sens, la raison, et réfléchissez... Dieu aidant, la foi illuminera soudain
votre intelligence, vous serez de mon avis,
et quand, sur le chemin de la vie, vous ren-
contrerez un Jubilé, vous le comprendrez et
vous imiterez avec bonheur et joie vos pieux
ancêtres.

§ 10.

Distribution d'eau bénite.

Autrefois, un des devoirs du bedeau était
de porter, le dimanche avant la messe, de
l'eau bénite dans tous les ménages. Muni
d'un bénitier et d'un rameau de buis, il entrait dans la maison et faisait une aspersion
en disant : *Asperges me hyssopo, et mun-
dabor; lavabis me, et super nivem dealba-
bor*, et toutes les personnes présentes ré-
pondaient : *Amen*. On récitait encore
quelques versets du *Miserere*, et quelquefois
le psaume en entier.

Pour comprendre l'importance de ce pieux usage, il faut savoir, mes amis, que l'eau bénite est faite par des prières, des exorcismes, des cérémonies, et que, par sa bénédiction, l'Église demande à Dieu de purifier ceux qui s'en serviront, d'écarter loin d'eux les embûches de l'ennemi du salut et les fléaux de ce monde. C'était donc déjà une excellente préparation à la sanctification du dimanche que de commencer à se purifier par l'eau bénite, en répétant ces paroles de David pénitent, contrit et humilié : « Vous ferez sur moi, Seigneur, une aspersion, et je serai purifié; vous me laverez vous-même, et vous me rendrez blanc comme la neige. »

Vos pères tenaient beaucoup à cet usage, car il paraîtrait assez par cette note que j'ai trouvée dans les registres de la Mairie, qu'il n'aurait même pas cessé pendant les jours de terreur de la grande Révolution. Dans un traité fait, le 6 janvier 1793, par les habitants avec Pierre Bayvet, pour tenir les petites écoles, il est dit : « Le citoyen Bayvet sera tenu de faire ou de faire faire l'aspersion de l'eau bénite tous les dimanches matin dans toutes les maisons de la commune, et recevra à son profit les gratifications de chacun, à lui offertes en raison de ses démarches. »

Si cette purification, qui avait lieu autrefois dans votre demeure, n'existe plus aujourd'hui, pensez au moins à bien faire celle que vous devez faire vous-mêmes en entrant à l'Église. Prenez de l'eau bénite avec respect, mouillez-en votre front avec piété, et pensez au besoin que vous avez d'être purifiés, afin que vos prières soient plus agréables au Seigneur.

§ 11.

Première Communion.

« Avant la première communion, dit M. Lepas, je fais un sérieux examen des enfants qui peuvent en être sans avoir beaucoup d'égard à l'âge, mais plutôt à la conduite, sagesse et maturité d'esprit, et pour cela, dès le dimanche des Rameaux, au catéchisme, je fais venir les pères et mères, maîtres et maîtresses de ces enfants, pour répondre publiquement de la sagesse, piété et autres dispositions de leurs enfants et domestiques; sur quoi on les exhorte de ne pas mentir devant Dieu et toute la Paroisse, qu'ils ont comme autant de témoins du témoignage qu'ils rendent. On demande aussi le sentiment de tous les assistants et de toute la Paroisse, mais sans exiger de réponse publique. Et suivant la réponse des parents, ces enfants sont reçus ou refusés, supposant que le sieur Curé est d'ailleurs content d'eux *omnimodo* et qu'il les trouve lui-même en état d'être admis. Les parents ou maîtres des enfants qui ne se trouvent pas à cette assemblée sont réputés s'en abstenir, parce qu'ils ne les trouvent pas en état de communier et ne sont plus comptés dans la suite. »

D'après cet usage qui se pratiquait autrefois pour l'admission des enfants à la première communion, nous pouvons juger qu'en ce temps-là, les parents n'étaient pas aussi pressés que le sont les pères et mères d'aujourd'hui de voir leurs enfants faire leur première communion; non, car alors on comprenait toute l'importance de cette grande action, tandis que, de nos jours, généralement, on ne la comprend plus, et faut-il le dire? on est tout réjoui de ce qu'un enfant fasse sa première communion, parce que, à partir de cette époque, il peut librement s'affranchir de tous ses devoirs religieux, du catéchisme, des offices du dimanche, de toute soumission aux lois de ce grand Dieu qu'il vient de recevoir. O parents aveugles et trois fois malheureux! A votre sens, la première communion n'est donc plus la réception d'un sacrement, mais une *simple formalité?* O saints Apôtres du Sauveur, vous qui, dans le cénacle, reçûtes la sainte communion des mains du divin Maître, dites-nous donc si la sainte Eucharistie n'est plus un sacrement! *Prenez et mangez, ceci est mon corps,* dites-nous donc si ces divines paroles ne seront pas perpétuellement vraies? Ah! vous nous l'avez dit par la voix de votre sang que vous avez versé pour attester au monde cette vérité, et des millions de Martyrs nous le disent après vous, et tous les Saints de la terre nous le disent encore!...

Autrefois l'enfant, après sa première communion, fréquentait encore le catéchisme, et souvent les grandes personnes y assistaient aussi, de sorte qu'on était tout pénétré des vérités du salut, et qu'à *quatre-vingts ans* on pouvait encore réciter en entier plusieurs articles de son catéchisme ; — mais maintenant il n'en est plus ainsi ; on croit toujours en savoir assez et l'on craint d'en trop savoir ; aussi, demandez aux jeunes gens ce qu'ils savent encore de leur catéchisme ? La réponse sera courte. Et puis, autrefois encore, quand les enfants étaient revenus du catéchisme, c'était le père, c'était la mère qui leur demandaient quelles questions leur avaient été faites, et ce qu'ils avaient répondu ; par cette répétition, on les instruisait et l'on s'instruisait soi-même. Pères et mères, faites de même aujourd'hui, et vos enfants et vous-mêmes vous saurez mieux ce que vous devez à Dieu.

Cependant, mes amis, je veux vous rendre justice ; par conséquent, je dois constater ici que chaque année vous montrez beaucoup d'empressement à assister aux cérémonies

de la première communion, qui est toujours une grande fête pour la Paroisse. Il
est vrai, ce n'est pas une de ces fêtes magni-
fiques et pompeuses qui enchantent par le
luxe et les bruyants plaisirs; mais c'est une
fête célébrée avec les sentiments d'une joie
douce et de plaisirs calmes et purs. Ce n'est
pas une fête terrestre et mondaine; mais
une fête sainte et céleste. Ce n'est pas une
fête où l'on rit, c'est une fête où l'on
pleure; et cependant cette fête a des char-
mes pour tous. Ah! savez-vous pourquoi,
mes amis? C'est parce que la pureté et l'innocence exercent sur le cœur une influence
irrésistible; c'est parce que nous aimons à
porter nos regards sur de chers enfants qui
sont les amis de Dieu, et qui s'avancent au
banquet sacré; c'est enfin parce que toutes
les cérémonies de cette fête parlent au
cœur, parlent à l'esprit, et réveillent des
souvenirs qu'on chérit et qu'on aime;
car vous aussi, mes amis, vous avez fait
votre première communion.

Oui, dans votre vie, il fut un jour où vous
étiez dans le Sanctuaire, devant l'autel du
Seigneur, l'âme purifiée par les eaux salutaires de la Pénitence, attendant le moment

où Dieu se donnerait à vous ; oui , dans votre vie, il fut un jour où , purs et sans tache, vous étiez les amis de Dieu, de ce Dieu si bon qui faisait palpiter de bonheur et de joie votre cœur d'enfant, sous les inspirations de sa grâce. — Ce jour-là, il vous en souvient, n'est-ce pas ? vous étiez heureux !

Depuis ce temps, vous avez assisté à bien des fêtes, à bien des réunions de joie et de plaisirs, mais rien ne vous a laissé des souvenirs aussi doux que votre première communion ; depuis ce temps, vous avez versé des larmes, car ici-bas tout le monde pleure ; et c'étaient des larmes amères ; mais celles que vous versâtes au jour de votre première communion , c'étaient des larmes délicieuses, c'étaient comme des gouttes de bonheur, qui s'échappaient de votre âme inondée de joie.

Eh bien ! ce jour-là, mes bons amis, vous aviez trouvé le chemin de la joie et du bonheur ; si vous vous en êtes écartés, revenez-y, je vous en conjure ! Rentrez-y au plus tôt : je suis là pour vous aider, pour vous encourager, pour vous soutenir.

§ 12.

Bénédiction des Chapelets.

Vous savez tous ce que c'est qu'un chapelet. Ce sont plusieurs grains enfilés qui servent à compter des *Pater* et des *Ave*, que l'on récite en l'honneur de Dieu et de la Sainte Vierge. Selon *Bergier*, on a appelé *Chapelet* ces grains enfilés, parce qu'ils ressemblent à une couronne de roses, que l'on nommait en vieux français, *chapel de roses*.

« En 1760, dit M. Lepas, Messire Pierre Collet, prêtre lazariste demeurant à Paris, étant venu dans ce pays, nous annonça que dans un voyage qu'il fit à Rome, il avait obtenu de N. S. Père le Pape, Benoît XIV, la permission et le pouvoir de bénir des chapelets produisant indulgences à ceux qui les diraient avec piété. Un dimanche matin, c'était au mois de novembre, je fis ramasser par le bedeau, portant l'eau bénite dans les maisons, les chapelets de mes paroissiens, pour les faire bénir, et j'en fis bénir ce même jour *cent neuf,* qui étaient étiquetés, et qu'on eut soin de rendre à chacun, le Dimanche suivant. Et je présume qu'il en restera longtemps dans cette Paroisse. »

Aujourd'hui il n'en reste plus, sans doute ; car si, dans l'espace d'un siècle, bien des choses naissent, bien des choses périssent aussi. Puis le chrétien pieux demande ordinairement en mourant qu'on lui donne à emporter, pour affermir sa douce espérance, les signes que vénérait sa tendre piété ; ce qui nous fait présumer que tous ces anciens chapelets sont maintenant confondus avec les cendres de vos aïeux. En ce moment, il me semble les voir, vos bons aïeux, se lever à demi de leur couche funèbre, vous présentant ces chapelets qu'ils emportèrent au sépulcre comme une dernière preuve de leur confiance en Marie, et vous exhortant à cette dévotion qu'ils avaient crue établie pour toujours dans cette Paroisse. Oh ! mes amis, ne fermez pas l'oreille à ces voix d'outre-tombe, et ranimez votre dévotion à Marie ! récitez quelquefois le chapelet en son honneur. Saint

François de Sales, le grand Bossuet, des Monarques qui ont fait trembler la terre sous leurs pas, baisaient avec respect cet humble symbole, et tandis que leurs doigts en parcouraient l'étendue, ils murmuraient pieusement les noms sacrés de Jésus et de Marie.

Dans tous les rangs de la société, il est des âmes pieuses qui récitent le chapelet. C'est le livre du savant et de l'ignorant, du riche et du pauvre. Composé du symbole de notre foi, de la prière que J.-C. nous a enseignée et de la Salutation de l'Ange à Marie, le chapelet répond à tous les sentiments du cœur et à tous les besoins de l'âme.

Dans cette prière vous trouverez un charme secret qui calmera toutes vos douleurs, et une onction sainte qui vous adoucira toutes vos plaies.

Cette prière est tout à la fois la prière d'une mère pour le salut de son enfant, et la prière d'un enfant pour la conservation de sa mère.

C'est enfin la prière qui exprime la reconnaissance de celui qui a beaucoup, et la détresse de celui qui n'a rien ; les derniers désirs de la vieillesse et les premières espérances du jeune âge.

Vous donc, mes amis, qui n'avez pas encore de chapelet, venez à moi, je vous en donnerai; et vous qui en avez déjà, récitez-le quelquefois, ne le laissez pas seulement en parade sans jamais y toucher; ne craignez pas de dire cette sainte prière le plus souvent que vous le pourrez. — Pour honorer dignement la Mère de Dieu, il fallait une prière descendue du Ciel. Or, c'est l'archange Gabriel qui le premier dit à Marie : *Je vous salue, Marie, pleine de grâce! le Seigneur est avec vous, vous êtes bénie entre toutes les femmes.* Sainte Elisabeth, inspirée par l'Esprit de Dieu, répéta ces dernières paroles, et ajouta : *Et le fruit de vos entrailles est béni.* Le reste de la prière a été composé par l'Eglise, qui nous apprend par là à recourir à la sainte Vierge dans tous nos besoins, et surtout à demander à Dieu par son intercession la grâce d'une bonne mort.

§ 13.

Croix buisée.

Depuis un temps immémorial, il existe dans cette Paroisse un usage assez extraordinaire, relativement à la croix du cimetière et aux jeunes mariés.

« Le dernier marié de l'année va, le dimanche des Rameaux, avant la procession, garnir de buis la grande croix du cimetière. La coutume lui impose ce devoir, il obéit ; il va, comme on dit, *buiser* la croix.»

Cet usage, auquel vous attachez peut-être peu d'importance, mes amis, a une grande signification, et je désire qu'il continue d'être religieusement pratiqué. Voici quelle est cette signification :

Tout est riant au jeune époux au commencement de son ménage. Au dehors, chacun le félicite; dans son intérieur, il est heureux, il triomphe. Tel fut Jésus-Christ `rs de son entrée dans Jérusalem, rappelée par le buis bénit : *Clamabant hosanna Filio David, et sternebant ramos in viâ,* ils jonchaient le chemin de feuillages , en criant hosanna au fils de David.

Plus tard, lorsque l'époux est devenu chef de famille, et qu'en cette qualité il porte le joug conjugal plus lourdement que sa compagne, arrivent les peines, les soucis , les tribulations : *Si acceperis uxorem, non peccasti ; tribulationem tamen habebunt hujusmodi ;* si vous épousez une femme vous ne péchez point ; mais vous aurez des tribulations, nous dit le grand Apôtre.

Prenez donc le buis bénit, jeune époux ; c'est l'emblème de votre joie actuelle, de votre contentement. Prenez le buis bénit, et méditez un instant sur sa signification. Puis attachez-le à la croix, emblème de la douleur et des sacrifices ; et à la vue de cet arbre sacré, sur lequel expira votre Sauveur, abreuvé de fiel et rassasié d'opprobres, acceptez par avance , avec résignation et courage, toutes les *croix* qu'il lui plaira de vous envoyer ; préparez-vous à toutes les épreuves et à toutes les angoisses qui pourront assombrir et attrister la carrière difficile que vous avez embrassée.

Cet usage, tout à la fois chrétien et touchant, prouve que nos Pères dans le sacerdoce et nos Frères dans la foi, savaient beaucoup mieux que nous symboliser les diverses positions de la vie de l'homme.

§ 14.

Quenouille.

Il existe aussi, relativement aux jeunes mariées, un usage assez significatif. La première fois qu'une jeune mariée entre à l'Eglise, après son mariage, la bâtonnière de la Vierge lui présente la quenouille qui est continuellement placée à cet effet contre la colonne où elle se voit aujourd'hui. Autrefois la jeune mariée acceptait la quenouille, l'emportait, la filait, donnait le produit à l'Eglise, et rendait la quenouille garnie de nouvelle filasse, pour exercer aussi les doigts de la suivante, qui devait agir de même. Aujourd'hui cette quenouille est également présentée, mais elle n'est plus filée; seulement la jeune mariée donne en compensation une pièce de monnaie, qui est remise au tronc de la Vierge.

La raison de cette coutume se trouve dans les saintes Ecritures. Au livre des Proverbes, il est dit : « Qui trouvera une femme forte? Elle est d'un prix qui l'emporte sur toutes les pierreries... le cœur de son époux se confie en elle... elle lui apportera le bien, et non le mal, tous les jours de sa vie..... Elle a porté la main à la quenouille, et ses doigts ont tourné le fuseau [1]. » Or, si on présente la quenouille à la jeune femme qui entre en ménage, c'est pour lui rappeler cette *femme forte*, afin qu'elle suive les traces de ce beau modèle, et qu'elle sache bien qu'une femme active et laborieuse est un trésor pour sa maison, tandis qu'elle en est la ruine si elle est paresseuse. Rien n'est plus pernicieux, *pour une femme surtout*, que de rester oisive [2] et de s'aban-

---

[1] Mulierem fortem quis inveniet? procul et de ultimis finibus pretium ejus. Confidit in eâ cor viri... Reddet et bonum, et non malum, omnibus diebus vitæ suæ... Manum suam misit ad fortia, et digiti ejus apprehenderunt fusum.... *Prov.*, 31, 10.

[2] Multam malitiam docuit otiositas. *Eccl.*, 33, 29.

donner à la paresse. Le spectacle d'une maison conduite par une femme paresseuse est
désolant à voir. Au lieu de cet ordre, de
cette propreté, de ce soin de toute chose,
qui donnent même à la pauvreté un vernis
d'aisance, on voit le désordre et l'apparence
de la misère. Son époux dépense vaine-
ment son courage et ses sueurs, rien ne
prospère chez lui.

Jeunes femmes, souvenez-vous de la leçon qui vous est donnée en vous présentant
la quenouille, et songez que la femme paresseuse est une mauvaise épouse, une mauvaise mère, et partant qu'elle ne peut guère
élever d'honnêtes filles.

§ 15.

Testaments des Chrétiens d'autrefois.

Si vous avez été tant soit peu surpris en
voyant tous les biens que possédait autrefois votre Eglise, il faut que vous sachiez,
mes amis, que dans les siècles de foi qui

nous ont précédés , nos ancêtres, plus que nous convaincus et persuadés que les biens de ce monde sont vanité et néant, ne partaient jamais pour le grand voyage de l'éternité sans être auparavant munis des *derniers* Sacrements , et sans avoir légué à l'Eglise, tant par une pieuse reconnaissance que pour s'assurer des prières , quelques parcelles de terre plus ou moins considérables , selon leurs moyens et fortune. — C'est de là que votre Eglise tenait ses biens, et que des prières étaient fondées à perpétuité pour les âmes de vos ancêtres défunts ; fondations admirables qui, les aidant à expier leurs peines dans le purgatoire, entretenaient, même après leur décès, une relation mystérieuse entre eux et leurs descendants ; relation touchante qui se continuerait encore aujourd'hui, si les ennemis de Dieu et *par conséquent* de la Société, n'avaient brisé ces liens respectables et sacrés !

Mgr Gros, de sainte mémoire, désireux de renouer, autant que possible, ces liens pieux, ordonna, le **22** août 1855 , qu'une messe basse serait dite chaque année, à perpétuité, pour vos pères morts dans la foi et qui avaient réclamé les prières de l'Eglise, pour les legs qu'ils avaient faits en sa faveur.

Cette messe, comme vous le savez, mes amis, est célébrée tous les ans le 3 novembre.

J'ai choisi ce jour, parce qu'à cette époque, tous vos travaux pressants sont terminés, et que j'ai grand désir de vous y voir assister. Plus d'une fois je vous ai rappelé que cette messe intéressait toute la Paroisse, puisqu'elle se disait à l'intention de vos aïeux, et jusqu'alors c'est le petit nombre qui m'ont compris ! Pour vous exhorter encore ici, et d'une manière plus frappante, je vais vous citer les noms de vos ancêtres *connus*, à l'intention desquels cette messe est dite ; et comme chacun de vous retrouvera dans cette liste des noms qui doivent encore lui être chers, j'espère que par la suite cette messe sera mieux comprise et entendue d'un plus grand nombre.

Le plus ancien testament, dont le nom du testateur est illisible, remonte à 1583.

Viennent ensuite :

Jourdain, Jean, vicaire de Boissy . 1605
Jourdain, Mathurin 1605
Catherine, *nom illisible* 1606
Jourdain, Claude 1607
Portebois, Jean 1609
Portebois, Noëlle 1614
Petit, Hélène 1614
Augustin, *nom illisible* 1614
Petit, Pierre 1614
Blanchet, Claude 1614
Portebois, Marguerite. 1615
Benoît, Pierre 1616
Esméry, Robine 1617
Delaunay, Catherine 1617
Petit, Barbe 1618
Portebois, Pierre 1620
De Bailly, curé de Boissy . . . 1623
Buisson, Charles 1623
Esméry, Jeanne 1625
Marie, *nom illisible* 1628
Petit, Claude 1628

[1] Son testament porte : Il veut que son corps soit inhumé au chœur, place des seigneurs, ses prédécesseurs.

C'est le dernier testament qui soit dans les archives de l'Eglise.

Maintenant je vais vous donner la liste des personnes qui ont fait des testaments en faveur de l'Eglise, mais à une époque si reculée, que les testaments n'existent plus ; je n'ai retrouvé que les noms des donateurs, que voici :

Portebois, Marie.
Paris, Nicolle.
Amotte, Louise.
Carrellier, Robert.
Portebois, Robert, *aîné*.
De Grisolles, Jean, *écuyer*.
Goause, Marie.
Portebois, Marie.
Portebois, Guillaume.
Paris, Fleurdelys.
Du Muret, Jeanne.
Glisière, Rollin.
Bonichon, vicaire de Boissy.
Grignon, Messire Denys.
Langlois, Gilles.
Bazonnais, Michelle.
Du Muret, Claude.

Jourdain, curé de Boissy.
Loy, Guillaume.
Leconte, Jeanne.
Petit, Jean.
Brésilliard, Suzanne.
Portebois, Jean.
Portebois, Gilles.
Du Muret, Gillotte.
Rellier, Jean.
Placet, Jean.
Grignon, Guillemette.
Petit, Louis.
Petit, Jeanne.
Portebois, Robert, *jeune*.
Langlois, Jacquette.
Petit, Tiphane.
Giroux, Nicolas.
Giroux, Thibault.
Soyer, Gabriel.
Morier, Marion.
Portebois, Sébastien.
Morier, *Messire* Sébastien.
Glisière, Geneviève.
De la Grève, Jean, *noble homme*.
Portebois, *Damoiselle*.
Portebois, Anne.
Morice, Guillemette.

Assire, Jeanne.
Chesneau, Pierrette.
Langlois, Gillotte.
Bazonnais, Catherine.
Soyer, Jeanne.
Jean, Jean.
Loy, *Messire, vicaire*.
Carrellier, Pierre.
Esméry, Catherine.
Langlois, Gilles.
Soyer, Jean.
Paris, Fleurdelyse.
Marcelle, Marguerite.
Prévot, Pierrette.

En parcourant cette longue liste des Bienfaiteurs de l'Eglise, vous avez rencontré les *Jourdain*, les *Portebois*, les *Delaunay*, les *Collin*, les *Carrellier* et les *Giroux*, six familles encore existantes. Or, mes amis, retranchez, par la pensée, ces six familles avec celles qui leur sont parentes, et dites-moi, je vous prie, combien il resterait d'habitants dans la Paroisse?... J'avais donc raison de vous dire que la messe célébrée à l'intention de ces *cent-un* Bienfaiteurs *connus*, devait tous vous intéresser.

Passons enfin à la copie fidèle d'un de leurs testaments, pour vous apprendre dans quels sentiments de foi et de piété vos ancêtres rendaient leur âme à Dieu.

TESTAMENT DE MARIE LEGUAY.

In nom⁰ Dni Amen [1].

L'an de N. S. mil six cent soixante et huit, le neuvième jour de novembre, pardevant moy curé de Boissy-sans-Avoir, soubsigné pour l'effet, teneur et accomplissement des présentes, fut présente Marie Leguay veuve de Robert Carrellier, demeurant audict Boissy, maison de feu Raoulx Leguay, son père, âgée de cinquante ans environ, estant au lict malade, saine toutefois d'esprit et d'entendement, comme il m'est apparu et aux témoingts cy après nommés, laquelle reconnaissant n'y avoir rien de plus certain que la mort, et de plus incertain que l'heure d'icelle, et ne désirant partir de ce monde sans avoir disposé de ce qu'il a plu à Dieu lui donner, comme bonne catholique, a recommandé et recommande son âme à Dieu le Créateur et aux prières de N. D. la bienheureuse Vierge, à Monsieur saint Sébastien son patron, et à tous les Saints et Saintes du paradis, les suppliant très-humblement, par les mérites de la mort

---

[1] Au nom du Seigneur, ainsi soit-il.

et passion de son cher Fils N. S. et Rédemp. J. C.,
lui remettre et pardonner toutes ses offenses et la
recevoir dans son saint paradis avec les bienheureux. A fait dicté et nommé de mot à mot le
présent testament en présence des témoingts et
personnes cy-après nommés, selon que requiert
l'ordonnance en la forme et manière qui en suit.

Premièrement elle désire que son corps, après
son décès, soit inhumé et ensepulturé dans le cimetière de Boissy, auprès de feu son mary, et qu'il
soit célébré pour le repos de son âme trois services, sçavoir, l'inhumation, huitaine et bout de
l'an à chacun d'iceux cinq messes tant hautes que
basses; le luminaire à la volonté de ses enfants.
Quant aux biens que Dieu lui a donnés elle veut
et entend avant toute chose que l'on ait à satisfaire à toutes ses dettes et réparer les torts qu'elle
pourrait avoir faits à qui que ce soit.

Item en reconnaissance des biens, grâces et faveurs qu'elle a reçus de Dieu et des biens temporels qu'il lui a donnés, elle a légué et lègue et
fondé deux obits, sçavoir un pour feu Robert Ca-
rellier son mary au jour de son décès, fondé d'une
messe haute et vigiles, l'autre au jour du décès de
la testatrice et pour le repos de son âme. Icelui
chargé d'une messe haute avec vigiles, à jamais
et à perpétuité dans l'Eglise dudict Boissy et le
libera à la fin de la messe sur la fosse de défunt
son mary et d'elle ; et pour ce acquitter elle a donné
et donne à l'Eglise Saint-Sébastien à perpétuité
un quartier et demi de terre labourable, sçavoir

un quartier sur le chemin qui va de Boissy à Montfort, tenant d'un côté à Mre Feuchon, d'autre Jean Rellier, d'un bout le chemin, d'autre à... en la censive[1] de Cressoy, plus un demi quartier à la fosse Lucas, tenant d'un côté à Jean Mollier, d'autre Robert, et des deux bouts au seigneur de Boissy, en la censive de MM. des Prés[2], chargés au prix de deux sols six deniers l'arpent, aux charges cy dessus, et sera la dite fondation enregistrée au Martyrologe[3] de ladite Eglise.

Item elle donne à l'Eglise de Boissy cinq sols une fois payés pour dire la prière pour le repos de son âme et aux quatre.... à chacun cinq sols à même intention de prier pour le repos de son âme.

Item elle donne aux Eglises de Garantières, Autheuil et Vy à chacune deux sols six deniers pour estre associée aux prières d'icelles Eglises.

Item elle donne à ses petits enfants, enfants de sa fille Marie son lict traversin et couverture neufs, de l'affection qu'elle leur porte.

Et pour executer et accomplir de point en point tous les item en son présent testament selon la forme et teneur la même testatrice a nommé et

---

[1] La *censive* était une redevance annuelle en argent ou en deniers à un seigneur de fief.

[2] Messieurs des Prés étaient les chanoines de Vincennes, propriétaires de la ferme des Petits-Prés.

[3] On appelait *Martyrologe*, ou *Mortuologe*, un livre de l'Église où étaient inscrites les fondations avec le nom des fondateurs.

eslu pour executeur de son présent testament la
personne de Jacques Portebois son gendre dit *la
Fleur* auquel elle a donné plein pouvoir et aucto-
rité de ce faire à laquelle fin elle s'est désistée et
désiste entre ses mains de tous et un chacun de ses
biens meubles et immeubles voulant qu'ils y soient
employés jusques à l'entier accomplissement d'ice-
luy. Lequel testament ainsy par elle dicté et nommé
de mot à mot, et dudict à elle par moy Curé lu et
relu de mot à mot en présence des témoingts laquelle a déclaré l'avoir bien ouy et grée et tenu
etre sa volonté.

Faict audict Boissy après midy maison de feu
Raoulx Leguay père de la dicte testatrice les an et
jour que dessus en présence de Messire Loyx prêtre
vicaire dudict Boissy âgé de quarante ans et de
Jean Massé marchand âgé de cinquante ans qui
ont signé avec l'exécuteur qui a volontairement
accepté ladicte charge et quant à ladicte testatrice
a déclaré ne sçavoir signer de ce enquise selon
l'ordonnance. En foy de quoi j'ai apposé mon seing
manuel à ce présent.

LOYX.   J. MASSÉ.   L. MASSÉ, prêtre curé.

Tous les testaments qui nous restent, sont
rédigés dans cette forme. Le testateur fermement convaincu qu'il tenait tout de Dieu,
ne voulait point partir de ce monde sans lui

avoir fait auparavant l'offrande d'une portion de son bien en faisant un legs à l'Eglise.
C'était un père ou une mère de famille qui
avait des enfants ; mais n'importe , avant
tout, la chose la plus sérieuse, c'était de son-
ger à son âme ; et en pensant à son âme, il
se rappelait que J.-C. avait dit que rien de
souillé n'entrerait dans le ciel ; alors il sen-
tait le besoin de la prière , et sans trop
compter, pour en avoir, sur des enfants qui
sont pour la plupart indifférents, ni sur des
héritiers presque tous ingrats, il en stipu-
lait lui-même, et s'en allait avec confiance
paraître devant son Juge. Quand on a vécu
en vrai chrétien, c'est ainsi que l'on meurt.

Art. IX.

Meubles extraordinaires de l'Eglise.

Nos pères avaient moins d'aisance que
nous en avons ; c'est peut-être pour cette
raison que nous nous trouvons dans le cas
d'ajouter les deux paragraphes qui suivent.

§ 1.

Cercueils communs,

Duro posuerunt membra feretro.
On les mettait dans le cruel cercueil.

L'Eglise avait autrefois deux ou trois cer-
cueils communs de différentes mesures,
qu'elle tenait à la disposition des familles.
Si quelqu'un venait à mourir, et qu'on ne
voulût ou qu'on ne pût supporter les frais
de son cercueil, on commandait au bedeau
qui en avait la charge, d'apporter à la maison mortuaire la bière commune qui servait
à porter le défunt seulement au bord de la
fosse. Arrivé là, on le tirait de ce cercueil
d'emprunt, et on le descendait dans le sépulcre sans autre enveloppe que le linceul
funèbre. Cela se pratiquait encore il y a cinquante ans. Aujourd'hui chaque famille
heureusement veut et peut fournir aux *siens*
cette dernière demeure de leurs mortelles
dépouilles.

Comme vous pouvez l'imaginer, mes amis, c'était un spectacle bien navrant, de voir les quatre *porteurs* déposant le défunt auprès de son sépulcre, de les voir arrachant ce cadavre du cercueil, et le descendant dans la fosse tout ployé et courbé, comme un être vivant encore. En pareille circonstance, quelle foudroyante leçon la mort donnait aux assistants! Et ce bruit sourd que faisaient les premières mottes de terre en roulant sur ce cadavre couché presque nu au fond du tombeau, quel son lugubre! comme ça devait fendre le cœur et remuer jusqu'au fond des entrailles!

C'est ainsi que, parfois, la mort donne de terribles leçons : elle dit à l'homme, quel qu'il soit, riche ou pauvre, savant ou ignorant, qu'un jour elle le couchera dans la poussière de la tombe. Et l'homme dans son orgueil tâche de se faire illusion sur cette vérité, comme sur beaucoup d'autres de la même importance, et n'y pense pas. Il pense d'abord à gagner de l'argent, à amasser de la fortune, à établir ses enfants; il travaille comme s'il ne devait jamais vieillir, jamais mourir. Et voilà qu'au milieu de ses entreprises, de ses spéculations, de ses beaux rêves d'avenir, il est tout à coup frappé... et l'on dit : il est mort ! Des enfants, des héritiers arrivent en hâte, partagent ses dépouilles, ils en jouissent à l'aise, et bientôt plus aucun souvenir du pauvre défunt mangé par les vers. — Quelque chose de lui subsiste cependant, et la tombe ne le renferme pas tout entier. Il avait une âme, une âme rachetée du sang de Jésus-Christ : où est-elle ? à l'instant où elle quitta le corps, sa demeure fut fixée, ou dans le Ciel sans crainte désormais, ou dans l'enfer sans espérance. Maintenant, mes amis, plongez-vous dans les soins de la terre, différez, différez votre conversion : dites encore, il sera temps demain. Insensé ! ce temps dont tu abuses, creuse ta fosse, et demain ce sera l'éternité !

§ 2.

Vaisselle de Saint-Sébastien.

C'est Portebois Damoiselle
Qui donna cette vaisselle.

Ces deux bouts rimés que nous tenons de la simplicité de M. Lepas, nous font connaître que cette vaisselle fut donnée à l'Eglise Saint-Sébastien par Damoiselle Portebois, et autant que nous le pouvons présumer, vers l'an 1600. Voici, mot à mot, ce qu'en dit M. Lepas :

« Mémoire de la vaisselle de la Fabrique, que l'on loue principalement aux noces, soit pour la Paroisse, soit aux paroisses voisines, soit en total, soit en partie d'icelle.

» Le prix de ce que l'on en prend, à la charge dudit prix, de la rapporter propre et promptement, si l'on en perd ou détruit.

on en rachète d'autre ou l'on en paye le prix.

» Elle était de figure antique et quasi toute plate, mais nous l'avons fait refondre et mettre à la mode et de figure moderne et de beaucoup plus de services.

Vaisselle et le prix.

Premièrement 5 douzaines d'assiettes
à 4 sols la douzaine, fait. . . . 1 l.
Item 3 pintets et leurs couvercles, à
3 s. la pièce, ci. . . . . » 9 s.
Item 4 douzaines de cuillers, à 1 s. la
douzaine, ci . . . . » 4 s.
Item 4 douzaines de fourchettes , à
2 s. la douzaine, ci . . . . . . » 8 s.
Item 16 grands plats, à 6 deniers par
plat, ci . . . . » 8 s.
Item 13 petits plats, à 6 d. par plat, ci » 6 s. 6 d.
Item 3 broches, à 1 s. par broche, ci. » 3 s. »
Item 2 landiers, à 2 s. par pièce, ci . » 4 s. »
Item 1 grande lèche-frite, pour 4 s., ci » 4 s. »
Item 1 grande marmite de cuivre, son
couvercle et trépied de fer. . . . » 8 s. »

Total . . . . . . 31 l. 14 s. 6 d.

» C'est le marguillier en charge qui délivre

et reçoit cette vaisselle et qui en étant payé doit en tenir compte.

» Il est d'usage que le sieur Curé s'en serve le jour de la Saint-Sébastien, et même quand il le souhaite, en tout ou en partie, et cela gratis.

» Le 19 juillet 1767, il a été décidé à la tablette de l'Eglise, comme il est marqué au chapitre du casuel du compte de Grégoire Carrellier, marguillier en cette dite année, que les deux induts, chapiers, cérémoniaire, thuriféraire, marguilliers, bedeau, suisse, porte-bannière, officiers en exercice, venant à se marier ou leurs enfants, et non d'autres, se serviraient de la vaisselle de Saint-Sébastien sans en rien payer, et ce pour toute la suite des temps. »

CHAPITRE III.

Cimetière.

Pulvis es, et in pulverem reverteris.
Gen., III, 19.

Tu es poussière, et tu retourneras
en poussière.

Aujourd'hui pour entrer dans notre cimetière, nous sommes *heureusement* obligés d'ouvrir une porte de fer qui en défend l'entrée. Autrefois il n'y en avait point. Ce lieu, sanctifié par la bénédiction de l'Eglise, et rendu vénérable par les cendres qui y reposent, fut pendant bien longtemps une place de tous côtés ouverte aux habitants qui foulaient d'un pied téméraire et peu respectueux les ossements de leurs Pères. C'était un lieu de passage non-seulement pour les personnes, mais encore pour les animaux de toute espèce. M. Delaunay,

Curé de cette Paroisse, affligé d'un spectacle
si désolant, et impatient de voir cesser un
pareil abus, en fit fermer toutes les issues
inutiles, afin de commander plus efficacement le respect dû à cette terre bénite. Il y
réussit ; mais le croira-t-on ? ce ne fut pas
sans trouver des contradicteurs [1] ! Il ne faut
pas trop s'en étonner cependant, puisque
J.-C. qui ne faisait que des œuvres de miséricorde, en trouva lui-même, et aujour-
d'hui encore vous en entendez qui blâment
sa doctrine sainte et sacrée. Seulement, mes
bons amis, en présence de faits si déplorables, poussons un soupir de douleur en nous
écriant : Pauvre humanité ! qu'ils sont étran-
ges et bizarres tes enfants et qu'ils connais-
sent peu leurs vrais intérêts ! On a mille
peines à les introduire dans le sentier du
bien où ils ont tout à gagner ; tandis que
au moindre signal, on les voit hardis et
fiers, s'élancer dans la route qui les mène à
l'abîme.

Pour bien comprendre la signification

---

[1] Constaté par un procès-verbal du 10 février 1819.

du mot *cimetière*, il faut remonter à son origine, ou bien, comme disent les savants, en chercher l'étymologie. Or le nom *cimetière* est formé du mot grec *coimêtêrion;* qui signifie *dortoir*, lieu où l'on dort. Un *cimetière*, c'est donc le dortoir des morts; chaque tombeau est comme un lit où reposent les cendres d'une personne endormie. C'est ainsi qu'en parle l'Ecriture : *Ceux qui dorment dans la poussière*, dit le Prophète Daniel, *se réveilleront un jour.* Job avait déjà dit : *Au dernier jour, je me réveillerai et je sortirai de la terre où l'on m'aura enseveli ; mes membres se recouvriront de leur peau, et je verrai mon Dieu dans ma propre chair.* Et le Seigneur lui-même nous dit, dans l'Evangile de saint Jean : *Je suis la résurrection et la vie ; celui qui croit en moi ne mourra pas pour toujours : après qu'il aura été mort, il reviendra à la vie.* La résurrection ! oh ! que cette vérité doit nous inspirer de respect pour le *cimetière*, terre bénite et silencieuse qui couvre tant d'objets aimés et chéris ! Quelle douce espérance elle doit faire naître dans le cœur affligé qui répand des larmes sur la fosse de ceux qu'il regrette ! O, mes amis ! vous qui pleurez dans le *cimetière*, ne pleurez pas comme si vous étiez sans espérance ; puisque un jour, quand Dieu réveillera tous ces ossements, vous retrouverez, vous reverrez ceux que vous avez aimés. C'est Dieu qui vous l'a promis !

Si donc vous entendiez dire : *Il n'y aura point de résurrection, quand on est mort, tout est mort...* laissez, laissez parler ces mécréants insensés ; laissez-les s'assimiler, se croire semblables aux animaux privés de raison. Quant à nous, mes amis, ayons des idées plus dignes d'un chrétien, et ne nous inquiétons pas de savoir comment Celui qui s'est ressuscité lui-même, s'y prendra pour ressusciter les autres. Non, ne craignons pas de voir se trouver en défaut cette Puissance infinie qui de *rien* a fait tout ce que nous voyons. Soyons bien tranquilles, Celui qui fait sortir d'un œuf un petit poulet, Celui qui déchaîne les vents, qui amoncèle les nuages et fait gronder son tonnerre, Celui qui avec de la poussière a formé le premier homme, pourra bien encore, quand il le voudra, retirer de la poussière toutes les générations qu'il aura créées dans le temps, pour les faire revivre dans son éternité. Mais, mes amis, une fois arrivés là, ce sera pour toujours!... Pensons-y...

En entrant dans le *cimetière*, regardez à votre droite ce petit coin séparé. C'est là que sont cachés sans cérémonie aucune :

1° Ceux qui n'appartiennent pas à la religion catholique ;

2° Ces personnes qui s'obstinent à vivre dans un état scandaleux et condamné par l'Église, comme si le mariage religieux n'était pas le seul institué par Jésus-Christ pour sanctifier et opérer l'union des époux;

3° Ceux qui, par désespoir, ont voulu mourir avant que Dieu n'eût fait sonner pour eux l'heure du trépas ;

4° Enfin ces pauvres enfants qui meurent sans baptême. Aussi, voyez, mes amis, comme c'est triste ! Pas la moindre croix ! aucun signe de religion ! Tournons le dos à cette terre désolée, sur laquelle n'est point descendue la bénédiction du Seigneur, et d'où l'espérance chrétienne est bannie. Fermons l'oreille à la voix de ces petites créatures arrêtées à la porte du Ciel, d'où elles lancent des anathèmes sur ceux qui leur ont donné le jour et qui ne se sont pas mis

en peine de leur procurer la grâce du baptême qui la leur eût ouverte si facilement.

Mères chrétiennes, vous qui frissonnez
d'horreur à cette pensée, hâtez-vous de faire
baptiser vos enfants aussitôt qu'ils sont nés !
Quand l'eau sainte du baptême aura coulé
sur leur front, alors sans inquiétude vous
serez heureuses de presser sur votre sein et
de contempler dans leur berceau ces petits
anges qui feront palpiter votre cœur de joie
et d'amour. Oh ! croyez-moi, point de re-
tard ; autrement ce serait vous exposer au
malheur inexprimable de répandre des
pleurs inutiles et bien amères, sur cette terre
froide et nue où serait caché le corps de
votre pauvre enfant, s'il mourait sans baptême.

A l'angle qui touche au Presbytère, nous
voyons une porte qui n'est obstruée que par
une touffe de sureau. C'est là le passage qui
communiquait autrefois de la rue de l'Armuteau[1] à la rue de Maubusy, en traversant
le *cimetière* du midi au nord. Dans le mur
qui borde cette dernière rue de Maubusy,
était pratiquée cette porte que M. Delaunay

---

[1] Maintenant la route.

fit boucher en 1819, et de laquelle on traversait encore le *cimetière* pour gagner son entrée actuelle, qui se trouve au couchant. De sorte que, par ces trois entrées toujours ouvertes, le *cimetière* formait comme une place publique, continuellement traversée dans tous les sens.

Cette charmille que vous remarquez du côté nord, doit son existence à M. Lepas, comme vous allez en juger par cet acte écrit de sa main et que je rapporte ici fidèlement.

« Nous soussignés, habitants de la paroisse de Boissy-sans-Avoir, convoqués et assemblés à la *tablette*, après le son de la cloche, avons dit et déclaré que nous approuvons tout ce que M. notre Curé et les marguilliers ont fait et fait faire jusqu'à ce jour pour le soutien, l'ornement et la décoration de cette Église et du cimetière, entre autres *le plant d'une charmille plantée en 1734*, qui forme un beau berceau qui tend de son jardin à la porte de la sacristie. Faisons défense à tous les habitants, soit marguilliers ou autres, quels qu'ils soient, de l'endommager, tondre, couper ou détruire en tout ou en partie, attendu qu'elle n'est en rien nuisible au cimetière ni à l'Église, ni à sa charge en tout ou en partie, et au contraire elle sert d'un très-grand ornement ainsi que ce qui l'accompagne.

» Fait le 12 février 1758, en présence des soussignés, savoir : Antoine Guinguand le jeune et François Jourdain, avec paraphes, et sans paraphe : Quentin Délion, Leguay, Leroux, Jacques Rémand, Jacques Fanu, François Carrellier, Jean Colin, et autres qui ont déclaré ne savoir signer selon l'ordonnance. »

Nous pouvons tirer de cette déclaration une conséquence bien glorieuse pour vos ancêtres : c'est leur zèle et leur concours unanimes pour l'entretien et la décoration de l'Eglise, et pour l'embellissement de ce qui l'environne. Soyons-en édifiés, mes amis, et ne restons pas froids en présence de si beaux exemples à imiter. Nous voyons aussi par cet acte que cette charmille va s'épanouir au printemps pour la *cent vingt-cinquième fois ;* antiquité déjà bien respectable !

Or voici maintenant sur quel ton M. Lepas en célèbre les avantages :

« Cette charmille, dit-il, est non-seulement un ornement au cimetière, mais encore un agrément pour notre jardin et une commodité pour nous en bien des circonstances. Il est à propos que nous veillions à sa conservation , en l'entretenant nous-même, car elle nous met à couvert contre l'ardeur du soleil, contre la rigueur du froid, la violence des vents ; nous préserve d'une petite, moyenne et grande pluie en bonne partie ; nous conduit à l'Église en nous inspirant le respect pour le lieu qui lui est conjoint, et nous distingue du commun du peuple en nous introduisant dans la sacristie et de là dans le sanctuaire, sans être confondu avec lui. Nous pouvons même nous en servir comme d'un lieu très-commode pour y dire notre bréviaire et nos lectures spirituelles, sans être beaucoup importuné, mais plutôt avec dévotion et recueillement.»

Après avoir entendu M. Lepas chanter ainsi les louanges de sa charmille chérie, qui donc oserait la détruire ? Je vous avoue,

mes amis, qu'elle est pour moi un monument très-respectable, et que je la considère
comme ne devant être détruite que par le
temps, dont les hommes ne peuvent empêcher les ravages.

En entrant dans l'Eglise par la petite
porte, remarquez à votre droite cette pierre
qui fait saillie sur le mur ; elle a été respec-
tée par M. Lepas, qui en arracha une semblable placée à quelque distance de celle-ci,
qu'il voulut laisser, dit-il, *pour mémoire de
la chose :* c'était pour rappeler que ces deux
pierres avaient autrefois soutenu un appen-
tis qui abritait une autre pierre énorme portée sur quatre petites colonnes, et qui servait de table à ceux qui rendaient la justice.
Voir la page 72.

Voilà que nous avons fait le tour du cimetière, suivant cette petite allée qui l'enveloppe comme d'une jolie ceinture. Vous
vous rappelez sans doute qu'il n'y a que
trois ans qu'elle est faite. Auparavant il n'y
en avait pas ; ce qui était fort désagréable
pour la procession et les enterrements. Elle
est cependant bien utile, non-seulement
pour éviter ces désagréments, mais encore

et surtout pour assainir l'Eglise, dont le mur ne montre plus d'humidité depuis qu'elle est établie. Aussi, je m'en souviens, vous m'avez bien compris, lorsque je vous ai signalé la nécessité de cette allée ; au jour que je vous avais fixé, vous vous êtes trouvés là, mis à l'œuvre, et dans l'espace de deux jours, notre cimetière avait changé de forme et pris un nouvel aspect : l'allée était faite et bien sablée, vous étiez contents et moi aussi. Voyez, mes amis, quand on est de bonne volonté, comme les choses sont vite faites ! Ne devrait-il pas en être toujours ainsi, surtout pour ce qui regarde tous les habitants d'une paroisse ?...

Eh bien ! toutes les propriétés de la commune sont à vous : le marais et les peupliers qui s'y trouvent [1], l'Eglise, le presbytère, la maison d'école, les puits, les mares, tout cela est à vous ; tous vous en jouissez, vous en avez chacun votre petite parcelle d'usufruit, soit directement, soit indirectement ; par conséquent, il est bien juste que

---

[1] Ces peupliers furent plantés à diverses époques : les plus anciens peuvent remonter à 1838, les autres à 1845.

vous participiez tous aux frais d'entretien et de réparation de ces propriétés communales qui sont les vôtres. A vous donc de les réparer et de les entretenir en bon état. Oui, mes amis, c'est votre devoir à tous et même votre honneur.

En effet, jugez les autres par vous-mêmes. Vous voyagez ; deux villages se trouvent sur votre route; dans l'un vous voyez une Eglise toute découverte, les murs du cimetière écroulés, la maison d'école et le presbytère tombés en ruines ; — dans l'autre, Eglise, presbytère, maison d'école, cimetière, fontaine, lavoirs, tout est bien soigné, bien entretenu. Or, je vous le demande, pensez-vous que les habitants de ces deux villages soient dans la même disposition d'esprit et de volonté? Non, ou bien votre jugement serait faux. L'arbre se reconnaît à ses fruits, l'homme à ses œuvres. Eh bien, mes amis, un village est un être collectif qui se reconnaît aussi à ses œuvres.

Cependant, hâtons-nous de le dire, ici comme dans toute autre règle, il y a bien quelque exception. Car, voyez, mes amis, si l'étranger qui passe vous jugeait d'après la croix de votre cimetière, comme il se tromperait !... Vous avez pour les morts un religieux respect, vous priez sur leurs tombes, vous êtes animés d'un bon esprit, et pourtant considérez cette croix !... ce n'est plus qu'un tronçon, qu'un reste misérable d'une croix qui fut anciennement belle. Je dois donc espérer que bientôt les pierres disloquées de son piédestal se rejoindront, et qu'une croix décente témoignera hautement de votre vénération pour ce champ des morts.

Après avoir fait le tour du cimetière, considérons un instant ce petit espace de terrain.... Je vois tous les regards se porter vers cette pierre blanche nouvellement posée et entourée d'un grillage de fer : c'est la tombe d'Alexandre Conard !... Ah ! mes amis, ce nom va peut-être réveiller en vous un douloureux souvenir ! N'importe ; il faut en parler, la mémoire des *bons* ne doit jamais périr. Disons donc à la postérité, disons à toutes les générations qui se succéderont dans cette Paroisse, que c'est son dévouement qui l'a fait descendre dans le tombeau à la fleur de son âge, et que c'est la reconnaissance générale qui lui a élevé ce monument qui doit être à jamais conservé. Disons qu'*Alexandre* méritait, par toutes les qualités qui font l'homme de bien, d'être estimé, et que les larmes de la Paroisse entière, présente à son inhumation, proclamaient hautement qu'il était sincèrement aimé de tous, et de tous vivement regretté [1].

Le Temps, ce grand ravageur de toutes choses, emportera dans le cours des siècles les caractères gravés sur cette pierre. Or, dans la pensée et le désir que cet écrit subsiste encore quand cette tombe aura perdu son nom, transcrivons ici l'épitaphe :

MONUMENT DE RECONNAISSANCE ÉLEVÉ A ALEXANDRE CONARD , MORT VICTIME DE SON DÉVOUEMENT DANS UN INCENDIE, LE 3 JUIN 1858, A L'AGE DE 29 ANS !
HOMME DE BIEN, IL EST REGRETTÉ DE SON ÉPOUSE [2], ET DE SES PARENTS, ET DE TOUS CEUX QUI L'ONT CONNU.
PASSANTS , DONNEZ A SA MÉMOIRE UNE PRIÈRE.

Requiescat in pace.

Qu'il repose en paix ! Il y a longtemps

---

[1] Voyez le chap. 2, art. 8, § 7.
[2] Eugénie *Fanu*, fille de François Fanu et de Désirée Vidoux.

que ce souhait éminemment chrétien, que
ces paroles pieuses retentissent dans ce cimetière ; car il est très-probable qu'on y enterre depuis que Boissy existe. Il y a donc
plus de *neuf cents ans* que le drap mortuaire s'y promène à travers les tombeaux,
plus de *neuf cents ans* que le deuil pros-
terné y répand des larmes, qu'on y plante
des croix funèbres, qu'on y creuse des fosses, que cette terre s'ouvre pour recouvrir
et consumer ensuite des corps inanimés.
Que de générations y sont déjà ense-
velies !

On ne peut guère jeter la vue sur un cimetière sans se rappeler avec un certain
frémissement cette terrible sentence que
Dieu porta contre le premier homme devenu coupable : *Tu es poussière, et tu retourneras en poussière !* Pourquoi ? Vous le
savez, mes amis, c'est pour avoir mangé un
fruit malgré la défense que Dieu lui avait
faite. Un fruit, c'est peu de chose, la désobéissance vous paraît bien légère, n'est-ce
pas ? Cependant réfléchissez… tous les maux
dont la terre est inondée sont la punition de
cette désobéissance. Y pensez-vous, lorsque
vous violez si facilement la loi de Dieu et

que vous faites si peu de cas de ses commandements ?

L'aspect d'un cimetière est triste, parce qu'il nous porte à des réflexions sombres et sérieuses; mais ces réflexions peuvent nous faire grand bien, si nous ne les oublions pas trop vite. Tâchons de nous en souvenir. Il est bon, mes amis, il est bon de penser quelquefois que là aussi sera notre lieu de repos; qu'un jour aussi sera plantée sur notre fosse une petite croix de bois qui dira notre nom aux passants, et leur réclamera peut-être un *Requiescat in pace;* qu'un jour, et presque toujours plutôt que nous ne le pensons, on viendra pleurer aussi sur notre fosse. Tristes, mais salutaires pensées, qui nous aident beaucoup à marcher dans le droit chemin, en nous rappelant que nous ne sommes plus, hélas! ici-bas qu'un peu de poussière aussitôt que notre cœur a cessé de battre... que Dieu a rappelé notre âme à lui, et a prononcé la sentence qui fixe son éternelle destinée.

J'oubliais de vous parler de cette pierre polie et carrée qui se voit au sommet du petit pilier, auprès de la sacristie. C'est un cadran solaire qui n'est pas nouvellement tracé, car, de son temps, **M.** Lepas le disait déjà très-vieux. Or, s'il était très-vieux, il y cent trente ans, nous pouvons en conclure que cette aiguille a marqué, pour le moins, autant d'heures qu'il en faut pour former *deux siècles*. Que de fois son ombre a glissé sur cette pierre!... Pendant plus de deux cents ans peut-être ! Oh ! que c'est long ! Oui, mes amis, c'est long, bien long ; cela fait bien des heures ! Mais, pareilles à ces petites ondulations qui rident la surface des eaux, les heures se succèdent, se poussent l'une l'autre et se multiplient aussi rapidement qu'elles expirent. Ainsi, mes amis, l'espace du temps, quelque long qu'il soit, peut se mesurer ; si longue que soit sa durée, ce n'est rien, rien du tout, en comparaison de l'Eternité qui ne peut être mesurée. Pourtant nous avons des calculateurs bien savants, des mathématiciens bien profonds ; mais ils ne pourront jamais assigner par des chiffres la limite de l'Eternité, puisqu'elle n'en a point. Immense, infinie, l'Eternité absorbe tout, et les mesures, et les mesureurs. Eternité ! ce mot écrase l'imagination, et d'un seul coup montre à l'homme qui veut le voir, que sa vie est éphémère, qu'elle est comme une fleur tendre que le matin voit éclore, et que le soir trouve fanée. Quel puissant motif pour nous, mes bons amis, d'éveiller notre attention sur l'autre vie qui n'a ni fin ni limite, et que nous commencerons aussitôt que cette aiguille aura marqué pour nous le dernier instant de la vie présente !

Un homme était riche, et sans penser au lendemain, il avait dépensé toute sa fortune dans un seul jour. Durant le reste de sa vie, il fut malheureux. Vous ne le plaignez peutêtre pas, mes amis, et vous le blâmez sans doute d'avoir agi si imprudemment.

Eh bien ! cet homme est la fidèle image de celui qui, pendant cette vie d'un jour, dépense tout son bien spirituel , toutes les grâces de Dieu, sans penser au lendemain qui est l'Eternité.

En effet, mes amis, songeons-y bien, notre richesse spirituelle c'est d'abord le Baptème, qui nous fait enfants de Dieu ; la Pénitence, qui efface nos péchés ; l'Eucharistie qui nourrit notre âme et la fortifie

contre les tentations ; et les autres sacrements que J.-C. a institués pour nous sanctifier ; la prière, les bonnes œuvres, le saint
sacrifice de la Messe, qui attirent sur nous
les faveurs et les bénédictions du Ciel, voilà
notre bien spirituel. Or, si nous n'en profitons pas pendant cette vie *d'un jour*, ce
bien, cette fortune spirituelle aura été pour
nous, comme rien, et nous tomberons dans
l'Eternité, les mains vides, après avoir eu
de si riches trésors à notre disposition. Alors
notre malheur serait infiniment plus déplorable que le malheur de ce riche, que nous
blâmions tout à l'heure d'avoir agi avec une
si folle prévoyance : un blâme plus sanglant
devrait peser sur nous. Oh! si l'on y pen-
sait, on travaillerait autant et même plus
pour le bien-être de l'autre vie qui ne finira
jamais, jamais! que pour le bien-être de
cette vie, qui n'est qu'une ombre légère,
que le grand jour de l'Eternité va chasser
tout à l'heure !

CHAPITRE   IV.

Presbytère.

Quasi tabernaculum pastorum.

Vous savez, mes amis, qu'on entend par Presbytère le logement des Curés dans les paroisses. Chaque Eglise paroissiale doit avoir un Presbytère pour loger le Curé, aux dépens des paroissiens. *Concile de Trente.*

Un Presbytère est comme la tente d'un pasteur, plantée au milieu de son troupeau. C'est de là qu'il veille sur ses ouailles et les garde des faux prophètes qui sont des loups ravissants [1] ! C'est là, sous sa tente, que le Pasteur prie et gémit ; c'est là qu'il fouille

---

[1] Intrinsecus autem sunt lupi rapaces. *Matth.*, 7, 15.

dans les saintes Écritures, dans l'histoire des temps antiques, qu'il cherche partout des rayons de lumière pour dissiper les ténèbres de l'intelligence; c'est là qu'il prépare des armes pour triompher de l'erreur et des attaques de l'ennemi du salut de ses frères; c'est là que, dans le silence et la méditation, il élabore la nourriture spirituelle des âmes qui lui sont confiées. Oui, mes bons amis, c'est là que votre Pasteur s'occupe non-seulement à la défense de tout ce qui pourrait nuire aux intérêts de votre âme, mais encore à l'économie de vos intérêts temporels : il travaille à maintenir l'ordre qui procure la paix et la santé, qui sont la meilleure fortune ; il s'efforce de trouver les moyens de porter, le plus efficacement possible, la pensée de vos enfants vers Dieu, afin qu'ils sachent mieux vous aimer, vous respecter, vous obéir. C'est là enfin, sous cet humble pavillon, que souvent à genoux au pied de la croix, il forme les vœux les plus ardents pour votre prospérité temporelle et pour votre éternel bonheur.

Le Presbytère de votre Paroisse est assis dans un terrain d'environ 15 ares. Cette propriété entourée de murs, est bornée au *levant* par M. Fleury et M. Honoré Colet ; au *couchant* par le cimetière et par la petite rue du Presbytère, qui n'est plus pratiquée depuis 1819 ; au *midi* par M. Fleury, Mme veuve Souhaité et par la route appelée autrefois rue de l'Armuteau ; au *nord* par la rue Maubusy.

Anciennement on sortait du Presbytère du côté du *couchant* par une porte donnant sur cette ruelle dont nous venons de parler, qui longe le jardin de M. Louis Colet, et qui, comme nous l'avons dit, n'est plus pratiquée, mais qui néanmoins reste et doit rester propriété de la commune. Hormis cette sortie, la distribution du Presbytère ne fut probablement pas changée. Il se compose de quatre pièces : cuisine et salle à manger au rez-de-chaussée, et deux chambres au premier étage. Ajoutons que sous ce corps de bâtiment est une belle cave solidement établie, qu'il y a un four ayant son ouverture sous la cheminée de la cuisine, et qu'autrefois il y avait un cabinet au premier étage, tenant à la chambre du côté du *midi*, et dont la porte se trouvait où est actuellement la fenêtre à un seul carreau, ouverte en

1856 [1]. Les dépendances du Presbytère sont un bâtiment assez long formant comme les deux côtés d'un triangle rectangle, dont le côté *nord* est un cellier, et le côté du *levant* un bûcher et deux autres petites pièces de peu d'importance.

On peut croire le Presbytère aussi ancien que l'Eglise. Ce qui le fait présumer, c'est que dès l'an 1614, il était en si mauvais état que Jacques Soyer nommé curé de Boissy à cette époque, le trouva inhabitable, et fut obligé de se loger chez son parent Jacques Soyer, alors propriétaire de la maison voisine qui borne le cimetière, au *midi*, et appartenant aujourd'hui à M. Louis Colet. Un peu plus tard, en 1685, il menaçait de tomber en ruine. « Mon prédécesseur immédiat, dit M. Lepas, quand il est arrivé ici pour y être Curé, a trouvé le Presbytère dans un pauvre état. Il y a beaucoup bâti et réparé et est insensiblement devenu vieux. Il était en grand danger d'être détruit et de tomber en ruine. »

Plusieurs bâtiments appartenant au Presbytère furent détruits. Dans la cour étaient

[1] C'est dans ce cabinet que les agents du Comité de salut public se sont saisis de M. Suzanne.

une grange tenant, *au midi*, à la propriété
de Madame veuve Souhaité, et un pressoir
donnant sur la route. Ils furent démolis en
1846, et les pierres servirent à la construction de la Maison commune. Il y avait encore une autre grange située au fond du
jardin du Presbytère, sur la rue Maubusy,
qui fut détruite en 1811[1]. Cette dernière
grange avait été acquise par M. Charbonneau, le 12 septembre 1689, des héritiers
Giroux et Parent[2]. La construction du pressoir lui était due aussi.

Inutile de parler ici du jardin du Presbytère, parce que, d'après ce qui a été dit,
chacun peut comprendre qu'il est passa-
blement grand ; et rien n'étant plus variable
que la surface d'un terrain en culture, on
ne peut rien dire de son état présent ; il est

[1] En 1810, M. Delaunay demanda au conseil
municipal la démolition de cette grange, et que le
prix des matériaux fût employé aux réparations à
faire à l'Eglise et au Presbytère.

[2] La famille de Gilles Parent n'a fait, pour ainsi
dire, que passer à Boissy. Elle est venue des An-
delus s'établir ici en 1627, et en 1690 il n'en est
plus fait mention.

aujourd'hui ce qu'il n'était pas il y a dix ans, et dans dix ans il ne sera plus ce qu'il est aujourd'hui. D'ailleurs , dans l'espace d'une seule année, il prend divers aspects : tantôt il est couvert de neige , tantôt de fleurs; ses arbres dépouillés maintenant de leurs feuilles , étaient naguère chargés de fruits. Quand à sa distribution ou son arrangement, ceci varie encore selon les goûts de ceux qui en jouissent, *trahit sua quemque voluptas* : l'un veut une allée large , l'autre la veut étroite ; celui-ci est porté pour l'*utile*, l'autre pour l'*agréable ;* un troisième est pour tout indifférent, et voit du même œil pousser les orties ou les carottes, fleurir les roses ou les chardons; il en est qui arrachent, qui détruisent; d'autres enfin qui ne sèment ni ne plantent, se rappelant avec trop d'égoïsme ce vers de Virgile :

Insere, Daphni, pyros ; carpent tua poma nepotes.

Greffe tes poiriers, Daphnis ; tes successeurs cueilleront les fruits.

CHAPITRE V.

Succession des Curés dans cette Paroisse,

DEPUIS 1349 A CE JOUR.

> *Et sunt quorum non est memoria...* Eccli., 44, 9.
> Et il en est dont le souvenir n'est plus.

J'aurais bien désiré vous rappeler ici les noms de tous les Curés qui se sont succédé à Boissy, depuis que ce village est érigé en Paroisse; mais le résultat de mes recherches à cet égard a été nul. Avant l'année 1349, tout fait silence; et encore de cette époque à 1545, pendant deux siècles, règnent des ténèbres si épaisses, qu'il m'a été impossible d'apercevoir la moindre trace des Pasteurs qui ont passé dans cette Paroisse.

§ 1.

Jacques Jourdain.

Incisa notis marmora publicis. Hor.

La pierre tumulaire qui est placée à l'entrée du chœur porte le nom de Jacques Jourdain et le millésime 1349. Il n'est pas absolument certain, mais il est très-probable qu'il était Curé de Boissy, et de la famille *Jourdain* encore existante aujourd'hui. C'est donc à cette tombe que commence la succession de vos Pasteurs qui nous sont connus.

§ 2.

Nicolas de Saint-Ouen.

Cœca regens filo vestigia. Virg.

Nicolas de Saint-Ouen était Curé de Boissy en 1545, lors de la dédicace de l'Eglise, comme déjà nous en avons fait mention. On sait qu'il était religieux de l'abbaye de Méré, et prieur de Saint-Laurent de Montfort; mais on ne peut savoir ni le temps qu'il a été Curé de Boissy, ni l'époque de sa mort.

§ 3.

Pierre de Bailly.

Pierre de Bailly, docteur de Sorbonne en l'Université de Paris, gouverna cette Paroisse pendant 32 ans, de 1582 à 1614, époque où il quitta Boissy pour se retirer à Paris, au collége des Récollets.

Le plus ancien registre que nous possédons dans les archives de la Mairie, fut commencé par lui; il date de 1582. Il avait fait un livre intitulé *Trésor de l'Eglise*, qui renfermait l'origine et les titres des biens et des charges de la Fabrique. Cet écrit, qui avait beaucoup éclairé M. Lepas dans les recherches qu'il avait faites, et dont nous possédons encore quelques fragments, a été perdu faute de soin ou emporté par le tourbillon révolutionnaire, qui balayait avec violence tout ce qui pouvait rappeler une pensée religieuse : perte bien regrettable à cause des documents précieux que nous aurions pu y puiser. C'est à M. de Bailly que nous devons la *lettre dédicatoire* de notre Eglise, et il nous reste encore de lui quelques testaments écrits de sa main, où il a exprimé les dernières volontés de ceux de ses Paroissiens qui, sur le point de partir de ce monde, léguaient à l'Eglise quelques parcelles de terre, à la condition qu'on prierait pour le repos de leur âme.

En 1623, étant venu revoir son ancienne Paroisse, il donna un demi-arpent de terre à la Fabrique, à la charge que chaque année, à perpétuité, seraient dits à son intention et en sa mémoire, une messe basse le jour de Pâques, et ce même jour, aux vêpres, après la prose *O Filii et Filiæ*, un *Requiescat in pace*. Condition assez originale, à raison du jour où il place ces prières funèbres, mais qui n'en est pas moins un témoignage de sa piété. Cet acte de donation fut passé par devant Robert Carrellier, tabellion de Boissy, en présence des deux témoins François Mollier et Guillaume Jourdain, marguilliers.

Il eut pour vicaire, en 1605, Jean Jourdain, natif de Boissy

§ 4.

Jacques Soyer.

Ubi natus, ibi mortuus.

Jacques Soyer succéda à Pierre de Bailly, en 1614, et gouverna la Paroisse jusqu'en 1643, pendant 29 ans. Nous apprenons par son testament qu'il était natif de Boissy. Cet acte testamentaire, écrit le dimanche 4 octobre 1643, par Louis Soyer, son frère, alors curé d'Autouillet, porte : « Il désire que son corps soit inhumé dans le chœur de l'Eglise paroissiale de M. Saint-Sébastien de Boissy, *lieu de sa naissance.* » Il donna à la Fabrique vingt-deux perches de vigne assises aux Graviers.

Il se trouve ici un espace de cinq années où l'on ne rencontre aucun document qui indique par qui la Paroisse a été gouvernée pendant ce laps de temps.

§ 5.

Léonard Massé.

Multa senem circumveniunt incommoda.

En 1648, voici Léonard Massé qui prend possession de la Cure, qu'il occupe durant 37 ans, de 1648 à 1685. Comme il n'est mort à Boissy que 13 ans plus tard, il est à croire qu'il avait cessé d'administrer la Paroisse, à cause des infirmités que traîne souvent après elle la grande vieillesse. Décédé à l'âge de 94 ans, il fut inhumé dans le chœur de l'Eglise, le 29 juin 1698.

§ 6.

Emilien Charbonneau.

Illo vivente, iste regit.

Après avoir régi la Paroisse pendant 36 ans, de 1685 à 1721, Emilien Charbonneau y mourut à l'âge de 87 ans, et, le 28 décembre 1721, fut inhumé dans le chœur de l'Eglise.

Comme nous venons de le voir au ch. 4, Emilien Charbonneau était propriétaire d'une grange et d'un pressoir. Par un testament daté de 1720, il légua ces deux bâtiments et trois cuves aux Curés de Boissy, ses successeurs, à la charge que chaque année ils célébreraient à son intention *trente messes* basses. Aujourd'hui il ne reste plus trace de ce legs.

§ 7.

Henri Lepas.

Henri Lepas prit possession de la Cure de Boissy le 21 mars 1721. En arrivant, il ne trouva ni chantre, ni suisse, ni bedeau. Mais bientôt sous le feu de son zèle on vit éclore un grand nombre d'officiers pour les solennités du culte divin ; et dans le chœur et dans le sanctuaire agrandis fonctionnèrent avec ordre et décence, quatre Induts, un Cérémoniaire, un Thuriféraire, deux Acolytes, quatre Chapiers, plusieurs Chantres, tous en surplis et soutane, un Bedeau, un Suisse, un Porte-bannière. Les efforts du zèle de Henri Lepas furent bien favorisés, comme il le dit lui-même, par les bonnes dispositions des habitants naturellement portés à la piété, et aimant beaucoup le chant et les cérémonies de l'Eglise. « Depuis l'année 1722 jusqu'en 1762 , nous avons montré, dit-il, le plain chant aux enfants et autres, depuis la Saint-Martin d'hiver jusqu'à Pâques, pour prendre leur temps le plus convenable. Pour cela, à la nuit fermante, on sonne en vol la petite cloche l'espace d'un *Miserere* et sans tinter. On s'assemble au presbytère promptement et l'on fait chanter la note et la lettre à chacun selon sa science. Ceux qui ne chantent pas convenablement, on les prie de se corriger ou de se taire. » C'est probablement parce que ces bonnes dispositions de vos pères ont été si bien cultivées pendant quarante ans, que je puis dire qu'il s'en trouve encore aujourd'hui.

C'est à vous, mes amis, et à moi votre Pasteur, de travailler à faire renaître ces beaux jours qui réjouissaient l'Eglise, qui seront à jamais la gloire de vos ancêtres et un sujet d'édification pour ceux qui auront le bonheur de s'en souvenir et d'y penser.

Au dire des anciens d'aujourd'hui qui l'ont appris de leurs pères, quand l'office était sonné et qu'il ne voyait pas tout son monde au pied des autels, M. Lepas s'en allait en surplis dans les lieux de réunion et de jeux, chercher ceux qui pouvaient s'y trouver; sa présence seule rappelait à ses enfants la loi de Dieu, et les ramenait dociles à l'accomplissement de leur devoir.

Sans doute, mes amis, un pareil zèle dans un prêtre de nos jours serait déplacé en semblable occasion. Pourquoi? parce qu'on ne saurait plus comprendre le motif de telles démarches qui, autrefois bien appréciées, passeraient peut-être aujourd'hui pour des extravagances. Mais si le Pasteur n'agit plus ainsi, il n'en souffre que plus douloureusement; car, croyez-le, mes amis, le prêtre du temps présent a dans son âme la même foi que le prêtre du temps passé, et dans son cœur le même désir du salut de ses frères. Ne servons-nous pas en effet le même Dieu? N'avons-nous pas les mêmes espérances de la vie future? Pourquoi donc n'observerions-nous pas les mêmes lois? — Si, dans une armée, chaque soldat s'é- jance intrépide pour cueillir les lauriers de

la victoire, pourquoi donc ne marcherions-
nous pas tous ensemble et d'un pas ferme à
la conquête du **Ciel**, notre vraie patrie?
Quand il s'agit de gloire, le Français ne re-
cule point ; l'eau, le fer, le feu, rien ne l'arrête. Pourquoi donc resterait-il en arrière,
quand il s'agit de ces couronnes immortelles que le Roi des rois pose sur le front
de ses élus? —Vous êtes Français, mes amis,
et je suis votre Pasteur ; suivez mes conseils,
marchez, et vous triompherez.

Henri Lepas voulut que sa cinquantième
année de résidence dans cette Paroisse fût
signalée par un jour de solennelles réjouissances, et pour en perpétuer le souvenir,
voici ce qu'il nous laissa écrit de sa main.

« La résignation de la Cure de Boissy,
dit-il, m'a été faite à moi, Henri Lepas, originaire de Marcq, par Messire Emilien
Charbonneau de la province de Bourgogne,
le 4 décembre 1720, dont j'ai pris possession le 21 mars 1721 ; et en janvier, le 24,
1770, la cinquantième année de jouissance
commencée et la soixante dix-septième de
mon âge, j'ai repris une nouvelle possession,

c'est ce qui s'appelle communément se remarier, et pour cela on y a observé les cérémonies suivantes, audit jour annoncé au prône. Dès la veille de ce jour, on a carillonné, ce qui a été continué le lendemain. La messe solennellement chantée a été celle de la Pentecôte en son entier. L'Eglise, parée avec les ornements rouges, les officiers tous rassemblés et toute la paroisse décemment habillée et, à ce qui a paru, d'un cœur ouvert. On a fait la procession en chantant le répons de la Pentecôte ; au retour on a chanté le *Veni Creator* à l'autel avec les encensements observés à la Pentecôte ; ensuite la messe où l'on a bénit un pain que j'ai fait faire et qu'on a distribué aux habitants, pour marque de notre union. A la fin de la messe, on a chanté le *Te Deum*. J'ai traité ce même jour mes confrères, au nombre de 15 ou 18, et le lendemain j'ai donné à dîner à tous les Officiers de l'Eglise et aux Marguilliers, *et sic finitur*. »

Il mourut à la fin de l'an 1777, âgé de 85 ans, après avoir gouverné cette Paroisse durant cinquante-six ans et quelques mois.

Son corps fut inhumé dans le cimetière et non dans le chœur de l'Eglise, comme il était d'usage alors, parce qu'il voulut que ses cendres fussent mêlées aux cendres de ceux qu'il avait baptisés, aimés, instruits, édifiés.

Il nous reste un livre écrit de sa main, où sont décrites les cérémonies de tous les dimanches de l'année, de chaque fête en particulier et des processions ; l'ornement qui doit servir tel ou tel jour y est désigné et même la place qu'il occupe dans le meuble de la sacristie; chaque Officier de l'Eglise y trouvait ses fonctions indiquées et son règlement tracé ; les us et coutumes de son temps y sont rapportés, et tout cela d'une manière aussi simple que naïve. Ce livre, qui nous a beaucoup aidé dans ce petit travail, est un témoignage du zèle, de l'ordre, de l'activité, de la pureté de cœur, de la vivacité de la foi de ce bon Pasteur, dont je vénère la mémoire, et que la Paroisse de Boissy ne devra jamais oublier. C'est probablement un Saint qui prie pour elle dans le Ciel.

§ 8.

Louis-Antoine-Benoît Suzanne.

Mitto vos sicut oves in medio luporum.
Matth., 10, 16.
Je vous envoie comme des brebis au mi-
lieu des loups.

Ayant succédé à Henri Lepas, il y avait
15 ans que Benoît Suzanne exerçait dans
cette Paroisse son ministère de paix et de
charité, lorsqu'il fut, selon la loi, dépouillé
de son titre de Curé, et nommé *officier public* par le *conseil général* de Boissy, pour
rédiger les actes de naissances, mariages et
décès. Dieu avait été chassé de son temple,
sa croix brisée, sa religion proscrite ; une
action religieuse était réputée un crime de
lèse-république aux yeux de ses sanguinai-
res *patriarches;* tout prêtre dénoncé pour
avoir rempli sa mission divine était condamné à mort ; Benoît Suzanne n'exerçait
plus alors que furtivement les saintes fonctions de son ministère ; il baptisait en secret et bénissait les mariages en présence

de deux ou trois témoins seulement. En conséquence de ces décrets portés en haine de Dieu et de sa religion, voici quelle fut la fin de M. Suzanne qui, armé du bouclier de la foi, bravait les arrêts des tyrans qui voulaient établir sur la terre le règne de l'enfer. C'est M. Louis Couillard [1] qui m'a raconté le fait en laissant tomber encore une larme à ce triste souvenir !

M. Dugérier, seigneur de Boissy, habitait Montfort. C'est de là qu'un de ses domestiques vint prier M. le Curé de Boissy de vouloir bien le marier religieusement. M. Suzanne y consentit et bénit le mariage.

Ne vous semble-t-il pas, mes amis, que ce nouveau marié aurait dû combler de remercîments ce bon Pasteur, qui s'exposait à la mort en bénissant son mariage ? La reconnaissance lui dictait ce devoir.

Eh bien ! ce malheureux (*hâtons-nous de dire qu'il n'était pas de Boissy*), ce malheureux, de si triste mémoire, loin de reconnaître la main qui venait de le bénir, s'en va bien vite au district dénoncer ce

---

[1] M. Louis Couillard avait 15 ans à cette époque et était employé au service de M. Suzanne.

pauvre prêtre, dont la prière montait encore vers le Ciel pour ce nouveau *Judas* qui le vendait, qui le trahissait, et bientôt M. Suzanne voit entrer dans sa paisible demeure les satellites de la République, qui se saisissent de lui et le traînent à Montfort, d'où quelques jours après il fut transporté à Paris, et sa tête, hélas ! tomba sous la hache révolutionnaire, le 8 thermidor an 2 (26 *juillet* 1794).

Mais le cri de tant de milliers de semblables victimes monte enfin jusqu'à Dieu, et le surlendemain, 10 thermidor, la tête du trop fameux Robespierre tombe aussi sous le tranchant qu'il avait aiguisé. Il était bien juste qu'après avoir couvert la France d'échafauds, il essayât, lui aussi, ces *instruments* de terreur et de mort. La terre qu'il avait rougie de sang, avait hâte de boire le sien : la mort de lui seul était la vie de tous. C'est pourquoi on lui fit cette épitaphe :

> Passant, ne pleure pas son sort,
> Car s'il vivait, tu serais mort.

Eh bien, mes bons amis, c'était au nom de la *fraternité* que le Comité de *salut pu-*

blic, aux ordres de Robespierre, avait dressé partout des échafauds ; — c'était au nom de l'*égalité* que des victimes innocentes étaient immolées sur ces autels sanglants de la République ; — c'était au nom de la *liberté* qu'on était condamné sans avoir le droit de se défendre. Quelle profanation de mots !... n'est-ce pas, mes amis ? Mais cela ne paraît point étrange quand on sait que la *liberté*, l'*égalité* et la *fraternité* ne sont vraies et réelles qu'autant qu'elles demeurent confinées dans le domaine de l'Evangile, leur terre natale, et que dès qu'elles en sortent, ne pouvant s'acclimater ailleurs, elles périssent ou se transforment en leurs contraires : la fraternité devient la haine pour ses frères ; l'égalité devient tyrannie ; la liberté, esclavage. Ce sont nos souvenirs qui nous l'ont appris, comme ils nous apprennent en même temps, avec l'histoire, que le Comité de *salut* public fut un Comité de *mort* publique.

Le 2 prairial an 2 (21 *mai* 1794), Benoît Suzanne rédigeait l'acte de mariage qui lui coûta la vie. En bas de cet acte sont apposées les signatures de Delaunay, *maire*, — de

Louis Couillard , — de Louis Dreux et de Pierre Vallée, quatre témoins qui faillirent aussi payer de leur tête, leur assistance à cette bénédiction nuptiale. Bientôt ils furent cités à Montfort, et ce n'était pas sans crainte qu'ils allaient comparaître devant les juges qui n'étaient là que pour faire monter à l'échafaud. Mais ils eurent le bonheur de s'en échapper sans avoir eu à subir aucune peine, si ce n'est celle d'avoir entendu vomir contre la religion les plus horribles blasphèmes.

C'est le 23 mai 1794 que Benoît Suzanne fut violemment arraché de sa Paroisse par les sbires de la Révolution, pour être traîné à l'échafaud, où il mourut sans avoir commis d'autre crime que *celui d'avoir bénit un mariage.*

Le 1er juin suivant, Pierre Giroux fut élu en remplacement de M. Suzanne, pour dresser les actes de naissances, mariages et décès. Après lui, Nicolas François, sous le titre d'agent national; ensuite Jacques Remand, comme adjoint de l'agence municipale, et puis Pierre Vallée. Les actes civils furent séparés des actes religieux, et dans la suite il y eut registres à la Mairie, et registres à l'Eglise, comme aujourd'hui.

Super flumina Babylonis, illic sedimus et flevi- mus, cùm recordaremur Sion. Ps. 136.

Près des fleuves de Babylone, nous nous sommes assis et nous avons pleuré en nous souvenant de Sion.

Depuis l'enlèvement de M. Suzanne à l'installation de M. Delaunay, il se passa deux années, six mois et dix-sept jours, du- rant lesquels le culte catholique cessa tout à fait d'être exercé dans cette Paroisse. Cet espace de temps, très-long en pareille cir- constance, nous rappelle la captivité des Is- raélites à Babylone. Il me semble voir vos ancêtres pleurer comme eux, non pas près des bords de l'Euphrate, mais assis le long des murs de l'Eglise, versant des larmes au souvenir des cérémonies d'autrefois, au souvenir des chants chrétiens, des hymnes d'allégresse qui élevaient leur âme vers le Seigneur; il me semble les voir dans le si- lence de la douleur, portant leurs regards vers la Jésusalem céleste, après laquelle ils soupiraient avec d'autant plus d'ardeur, qu'autour d'eux tout leur inspirait le dégoût de la vie : le saint tabernacle vide, plus d'autel, plus de croix, l'Eglise fermée ou profanée, le Pasteur, comme un criminel, montant à l'échafaud, toutes ces œuvres sacriléges les plongeaient dans la désolation. Ah! mes amis, c'est dans ces temps malheureux qu'on sait apprécier toute la valeur et l'importance et la nécessité de la religion! Travaillons tous à la faire refleurir parmi nous, et n'attendez pas, pour en sentir tout le prix, qu'on exile votre Pasteur et qu'on chasse votre Dieu de son temple. Hâtez-vous, car les jours sont mauvais…

§ 9.

Jacques Delaunay.

Exsurgat Deus, et dissipentur inimici ejus. Ps. 77.

Que Dieu se lève, et que ses ennemis soient dissipés.

Après avoir tremblé bien des fois dans son cœur à la vue des scènes tragiques de la Révolution, après avoir pleuré durant plusieurs années en face de l'impiété furieuse qui dévastait la France et ravageait son Eglise, **M.** Delaunay vit enfin se lever des jours meilleurs et fut installé Curé de Boissy, suivant cet acte que je rapporte ici conforme à l'original.

L'an 4 de la République française, une et indivisible, le 30 frimaire, nous habitants de la commune de Boissy, canton de Garancières, département de Seine-et-Oise, étant réunis au lieu ordinaire de nos séances, après avoir pris communication de la soumission du citoyen Jacques Delaunay, en date du 8 du présent mois, par laquelle il a déclaré désirer exercer le culte catholique en cette commune, en se conformant aux lois de la République, nous dits habitants soussignés ayant le plus grand désir de conserver le culte catholique que nos pères et nous avons toujours professé et en conformité des lois rendues sur la liberté des cultes publics et notamment du 3 ventôse de l'an 3, permettons audit Jacques Delaunay, ministre du culte catholique, de l'exercer en la ci-devant Eglise, en se conformant aux lois rendues sur l'exercice des cultes et avons signé.

Nicolas François. — Ambroise Rellier. — Jean Carlier. — N. Bonnenfant.—Charles Lucas. (*Cinq membres composant le conseil général.*)

B. Colin. — Giroux. — Philippe.— A. Regnier. — Marin Fanu. — Louis Carlier. — Souillard. — Louis Couillard. — M. Colet. — Sébastien Carlier. — F. Leroux. —Pierre Delaunay. —Jean Colin. Jacques Cordry. — J. Giroux. — J. Belhomme.—Sébastien Delaunay.—Jean Fanu.—J. Rousseau. Baptiste Delaunay.

En vertu de cette autorisation des habitants, M. Delaunay devient Curé de Boissy. Devant lui se rouvrent les portes de l'Eglise, il pénètre dans le sanctuaire et peut y redire ces impérissables paroles : *Introibo ad altare Dei...* Oh! qu'elle dut être grande en ce moment la joie de son cœur, qui naguère allait et venait triste sous l'oppression des ennemis de son Dieu! Sans craindre alors les méchants, il remonte les degrés de l'autel, célèbre le saint sacrifice de la messe, replace dans le tabernacle la divine Eucharistie, et l'expose à l'adoration des chrétiens fidèles qui accourent avec bonheur se prosterner devant le Saint des saints, faire amende honorable pour tous les crimes qui venaient de souiller la terre de France.

> *Tu es qui restitues hœreditatem meam mihi.* Ps. 65, 6.
> C'est vous, ô mon Dieu, qui me rendrez mon héritage.

De toutes les églises des environs, celle de Boissy fut la première ouverte au culte catholique, après la tourmente révolutionnaire ; la première, elle entendit les fidèles, comme des passagers sauvés du naufrage, entonner l'hymne d'actions de grâces, et levant au Ciel un regard plein de confiance, mêler aux derniers mugissements de la tempête ces paroles du Psalmiste : « C'est vous, ô mon Dieu, qui nous rendez notre héritage. » — Comme cette Paroisse avait eu la douleur de voir prendre et conduire son Pasteur, comme un agneau qu'on mène à la boucherie, il entrait dans les desseins de Dieu qu'elle fût une des premières consolées en retrouvant un nouveau prêtre. Les paroisses voisines, qui ne jouissaient pas encore d'un tel avantage, accouraient en foule dans l'Eglise de Boissy pour avoir le bonheur d'entendre la sainte Messe ; le dimanche, disent les anciens, par leurs allées et leurs venues, elles formaient sur tous les chemins comme des processions qui protestaient hautement contre les persécuteurs de la religion de Jésus-Christ. — O vous, mes amis, qui ne savez guère sanctifier le jour du Seigneur en assistant aux offices, si vous eussiez vécu dans ces temps malheureux, vous sauriez aujourd'hui estimer un si grand bienfait !...

Pendant vingt-trois ans, M. Delaunay exerça son ministère évangélique dans cette Paroisse, et fut appelé, en 1819, à la cure de Neauphle-le-Château, où il mourut dix-sept ans plus tard, en 1836. Son corps fut transporté à Boissy, son lieu natal, et inhumé dans le cimetière, comme il en avait témoigné le désir dans les derniers moments de sa vie.

Par suite du départ de M. Delaunay, en 1819, la Paroisse resta quatorze ans sans

Pasteur ; pendant ce temps elle fut desser-
vie par deux Curés voisins : douze ans par
M. Blondel, de Galluis, et deux ans par
M. Hennever, de Garancières.

§ 10.

M. Lacroix.

Attristés d'être depuis si longtemps privés
d'un Pasteur résident, les habitants de Boissy furent consolés par l'arrivée de M. Lacroix, en 1833. Mais, quoique bien jeune
encore, la mort vint l'enlever après six années d'exercice, à la fin de 1839. Son corps
fut inhumé à Montfort, son lieu natal.

Le diocèse de Versailles commençant déjà à remplir les brèches qu'avait faites dans
son Clergé cette révolution de sanglante
mémoire, Mgr l'Evêque pourvut bientôt la
Paroisse d'un nouveau Pasteur.

§ 11.

M. Garreau,

Ce fut M. Garreau qui, en 1840, succéda à M. Lacroix. Arrivant dans cette Paroisse, comme tout Pasteur zélé pour la gloire de Dieu et pour le salut des âmes, M. Garreau voulut réchauffer la piété des fidèles et raviver la foi de ses Paroissiens, qui allait s'affaiblissant. Il y donna tous ses soins, et, pour atteindre ce but, il érigea, en 1842, l'archiconfrérie de la Sainte-Vierge ; mais comme il est plus facile de descendre que de monter, surtout dans le chemin de la sanctification , les succès en furent peu marquants.

M. Garreau gouverna cette Paroisse pendant sept ans, et s'en alla ensuite prendre possession de la Cure d'Ablis.

§ 12.

M. Berthet.

M. Berthet devint successeur de M. Garreau en 1847. Il eut ici une époque difficile
à traverser. Presque à son arrivée dans la
Paroisse, une nouvelle révolution éclata, et
un trône fut de nouveau renversé. Les esprits étaient agités, les cœurs bouleversés ;
et, au milieu de ces troubles, les fidèles se
sentaient peu d'attrait pour les exercices
religieux. Pourtant M. Berthet continua
d'exercer paisiblement son ministère dans
ces circonstances, et sa septième année de
résidence commencée, il partit pour la Cure
de Mareil-sous-Mauldre : c'était dans les
premiers jours de février 1854.

Exivit sonus corum. Ps. 18, 4.
Leur voix se fit entendre.

Pendant la durée de *cinq cents ans*, douze
prêtres, *que nous connaissons*, se sont donc
succédé, comme Curés, dans la Paroisse de

Boissy. Eh bien, mes amis, ces douze Pasteurs sont comme autant d'échos qui se sont trouvés, de distance en distance, dans l'espace du temps, et dont le dernier répétait ce qu'avait dit le premier. Oui, tous ces prêtres de Jésus-Christ ont enseigné la même doctrine ; et malgré les révolutions, malgré les changements de dynasties et de gouvernements, les vérités que je vous enseigne aujourd'hui ont été enseignées à vos ancêtres par le premier Curé qui a été à Boissy ; ce premier Curé enseignait ce qu'ont enseigné les Apôtres ; et les Apôtres enseignaient les vérités que Jésus-Christ leur avait révélées, enseignées lui-même ; et ils pouvaient croire bien fermement ces vérités, les Apôtres ; car pendant qu'ils vivaient en société avec leur divin Maître, ils avaient eu souvent l'occasion de se convaincre que sa puissance n'était pas la puissance d'un homme.

Quand Jésus-Christ commandait aux vents et à la mer, quand il rendait la vue aux aveugles et ressuscitait les morts, quand il rassasiait plusieurs milliers de personnes avec cinq pains et deux petits poissons, les

Apôtres étaient là présents, témoins de ces prodiges.

Jésus-Christ mort, est mis dans un sépulcre ; on en ferme l'entrée avec une énorme pierre bien scellée et gardée militairement ; mais la puissance de Dieu qui se joue de la mort, pouvait bien se jouer également de ces humaines précautions. Je ressusciterai le troisième jour, avait dit l'Auteur de la vie ; et le troisième jour il parut vivant au milieu des Apôtres.

Thomas, qui n'était pas avec eux dans ce moment, ne voulut pas croire à cette résurrection. Je ne croirai, dit-il, si je ne vois dans ses mains la marque des clous, si je ne pose mon doigt dessus et ma main dans la plaie de son côté. Jésus revint au milieu de ses Apôtres et dit à Thomas : Posez ici votre doigt, et regardez mes mains ; approchez votre main et mettez-la dans mon côté.

Or, mes bons amis, je vous le demande, si vous eussiez été à la place des Apôtres, si vous eussiez été même incrédules comme Thomas, dites-moi, qu'eussiez-vous pensé de Jésus-Christ ? Eussiez-vous cru les vérités qu'il enseignait aux hommes ?... Vous auriez cru, comme les Apôtres ; oui, mes amis, et comme eux, fortifiés par la grâce de Dieu et remplis du Saint-Esprit, vous auriez aussi donné avec joie votre sang et votre vie pour attester au monde la véracité de la doctrine d'un Dieu crucifié devant vos yeux, ayant conversé avec vous après sa résurrection, et remonté au Ciel en votre présence.

Eh bien, mes amis, les vérités que nous vous enseignons aujourd'hui sont les mêmes; jugez si vous devez les croire, et, en les croyant, si vous devez les pratiquer.

Par suite de ces simples réflexions que nous venons de faire ensemble, mes amis, nous pouvons regarder comme bien insensés ceux qui ne croient pas les vérités de la Religion et qui méprisent la parole de Dieu; et ne verse-t-on pas des larmes de pitié, quand on voit ces mêmes incrédules croire sur parole le premier *charlatan* venu, ou ces *prétendus sorciers*, qui se disent, *en un sens*, aussi puissants que Dieu?—Croyons, croyons à l'Evangile, c'est la parole de Dieu qui ne peut se tromper ni nous tromper : du reste, il n'y a que l'ignorant ou le per-

vers qui ne croit pas ou qui affecte de ne
pas croire.

Il ne faut jamais oublier que Jésus-Christ
nous dit : L'homme ne vit pas seulement
de pain, mais de toute parole qui vient de
Dieu [1]. Il en est ainsi, parce que l'homme a
non-seulement un *corps*, mais encore une
âme. A son corps, qui est matériel, il faut
une nourriture matérielle, du pain ; à son
âme, qui est spirituelle, il faut une nourriture spirituelle, la foi, la prière, la grâce et
les Sacrements.

Jugez donc, mes amis, combien sont à
plaindre et malheureux ceux qui ne pen-
sent qu'à leur corps, sans s'occuper de leur
âme, cette substance spirituelle qui réclame,
elle aussi, l'aliment qui lui est propre !

---

[1] Non in solo pane vivit homo, sed in omni
verbo, quod procedit de ore Dei. *Matth.*, 4, 4.

§ 13.

Veni non in sublimitate sermonis. I Cor., 2.
Je ne suis pas venu vous parler un langage
élevé.

Voici cinq années que je passe au milieu
de vous, mes amis; ce temps m'a semblé
court, parce que je n'ai pas été trop mécon-
tent de vous. Néanmoins, je vous ai gron-
dés quelquefois peut-être; mais, je crois
pouvoir le dire, c'était avec la bonté d'un
père qui réprimande ses enfants. Les jours
passent vite, les années se pressent et rapidement l'éternité s'avance; c'est pourquoi,
animé d'un vif désir de sauver vos âmes, je
sème, je sème abondamment; je ne sais si
Dieu, qui moissonne et recueille, est satisfait. Tâchez de faire fructifier cette semence
divine jetée dans vos cœurs; car vous savez qu'une mauvaise récolte déplaît beaucoup : vous arrachez votre vigne si elle a
oublié quelque temps de vous donner du
fruit. Eh bien, mes amis, Dieu n'aime pas
non plus la stérilité : il maudit le figuier

qui ne donne que des feuilles[1], et veut que l'arbre inutile soit coupé et jeté au feu[2].

Je n'étais pas envoyé dans cette Paroisse, mes amis, pour récréer vos esprits par tous ces souvenirs que je viens de vous rappeler. Si j'ai pris quelque peine à faire ce petit travail, c'est dans la conviction bien douce à mon cœur, que vous me dédommagerez par votre grande docilité à suivre les avis et les conseils que je vous donne pour votre bien. J'y compte ; car Dieu qui m'a inspiré la pensée de renouer ainsi votre existence à celle de vos ancêtres, bénira, je l'espère, dans sa miséricordieuse bonté, ces faibles efforts que je devais à sa gloire. Hélas! les temps où nous vivons sont bien déplorables, à cause de la grande indifférence des chrétiens pour le salut de leur âme, et à cause de leurs mépris pour les commandements de Dieu! O mes bons amis! de grâce, ne vous laissez pas séduire par le mauvais exemple, ni par les scandaleux discours de

[1] Numquàm ex te fructus nascatur in sempiternum. *Matth.*, 21, 19.

[2] Excidetur, et in ignem mittetur. *Matth.*, 7, 19.

ceux de vos frères qui se seraient égarés !
Relisez souvent ce petit livre, ne fermez jamais l'oreille à sa voix paternelle; les vérités que je vous y enseigne sont comme autant
de roseaux que, dans ma sollicitude, j'ai
plantés sur les bords du torrent qui vous
entraîne; comme le malheureux qui se noie,
saisissez-les avec empressement, attachez-
vous-y avec force, ils vous aideront à lutter
victorieusement contre ses ondes furieuses
qui vous emporteraient dans l'abîme. —
Ainsi soit-il ! Ainsi soit-il !

TABLE.

FIN DE LA TABLE.

www.ingramcontent.com/pod-product-compliance
Lightning Source LLC
Chambersburg PA
CBHW051531050726
47595CB00002B/454